한 권으로 읽는

재밌는 육상
이야기

한 권으로 읽는

재밌는 육상 이야기

김기진 지음

이담
Books

머리말

올림픽 및 월드컵축구대회와 함께 '세계 3대 스포츠 제전'으로 손꼽히는 세계육상선수권대회는 2년마다 열리는데, 2009년 베를린에서 202개국의 건각 2,101명이 출전한 가운데 이미 12회 대회를 개최한 바 있다. 당시 연인원 65억 명이 TV중계를 통해서 시청하는 범세계적인 이벤트로서, 세계의 이목을 집중한 바 있다. 매 대회마다 10초 이내에 100분의 1초 찰나를 다투는 짜릿한 레이스로서 지상에서 가장 빠른 사나이를 가리는 남자 100m '인간 탄환' 대결, 더 높은 하늘을 향해 날아오르는 미녀들의 경연장인 여자 장대높이뛰기, 가장 고통스러운 순간이 점철된다는 중장거리 트랙경기, 인간 투혼의 드라마 역사를 창출하는 마라톤 경기 등을 연출한 바 있는데, 이러한 향연을 국내에서 직접 관람할 수 있다는 것은 그동안 우리가 생각해 온 육상경기의 새로운 면을 보게 될 것으로 기대된다. 이러한 기회는 지금까지 가져온 스포츠의 개념을 변화시킬 것으로 기대된다.

지난 베이징올림픽에서 단 1명도 결선에 진출하지 못하고 노메달에 그친 한국은 역대 세계육상선수권대회에서 결코 이렇다 할 성적을 거두지 못하면서 육상 후진국을 면치 못하고 있는 실정이다. 육상경기는 모든 스포츠의 토대를 이루고 있으며, 올림픽대회에서도 가장 많은 메달이 걸린 종목이다. 그나마 마라톤은 세계 강국의 대열에 오른 바 있으나 최근 세대교체에 실패하고 저변의 미흡으로 여전히 침체의 길로 접어들고 있다. 지난 아테네올림픽에서 중국의 류시앙이 이룬 경이적 성적, 여전히 장거리 강호로 군림하고 있는 일본 육상 등을 비추어볼 때 우리나라도 충분한 가능성을 가진 것으로 평가되고 있다. 국내에서 개최되는 세계대회는 우리나라 선수들의 육상 경기력 도약에 호기가 될 것이며, 이러한 우리 선수들의 노력과 결실을 직접 국민들이 지켜볼 경우 육상 스포츠를 통한 새로운 긍지와 자부심을 창조하게 될 것으로 기대된다.

육상경기의 발전은 관중을 흥분시킬 수 있는 우리의 육상 스타를 만들어 낼 수 있느냐가 가장 중요한 관건이다. 한국 육상의 경기력 향상을 저해하는 가장 심각한 요인으로는 유망선수의 빈곤과 저변의 부족, 이와 관련된 체계적·적극적 투자의 미흡을 쉽게 제시할 수 있다. 우수선수의 발굴은 기본적으로 저변확대의 활성화와 불가분의 관련성을 가진다. 최근 웰빙 추구의 활성화를 통해서 생활체육으로서의 육상인구는 엄청나게 증가한 데 반해서 상대적으로 선수층은 더욱 위축되고 있다. 일차적으로 이러한 문제점을 해결하기 위한 노력이 가장 선행되어야 할 것이다. 2011년 대구 세계육상선수권대회를 계기로 국민들의 육상경기에 대한 관심이 더욱 증가하고 있다. 이러한 긍정적 조건을 육상 선수층의 확대로 연결시켜 나갈 수 있는 방안을 마련하는 것이 중요한 숙제이다.

육상의 저변확대와 육상경기에 대한 대중적 인식전환에 공헌하기 위해서 다양한 노력이 요구되는바 대중들에게 육상경기의 과학적인 정보소개에 적극적인 관심이 요구된다. 아는 만큼 느낀다고 하였다. 육상경기의 역사에서부터 정밀한 과학에 이르기까지 육상경기 속에 담겨져 있는 지식과 드라마를 제공하기 위한 내용을 정리해 보았다. 본인은 육상선수 출신이 아니며 한국 육상의 과학화를 위해서 노력해 온 스포츠생리학자로서 단지 한국 육상의 발전에 적극적인 관심을 기울여 온 과정에서 감히 육상경기의 전문적인 부분까지 관심을 가지게 되어 매우 외람되게 생각한다. 본 책이 출간되기까지 도움을 준 매일신문사와 2011 대구 세계육상선수권대회 조직위원회에 감사를 드린다.

2011년 7월

김기진

| CONTENTS

Chapter 01

육상경기의 탄생과 진화

01
육상경기의 기원과 초창기 발전

　육상경기는 인간 생존을 위해서 요구되는 기본 동작인 달리기, 뜀뛰기, 던지기 등으로 구성된 스포츠이다. 그 기원이 분명하지는 않지만, 지구상에 인류가 나타나면서 육상경기가 시작되었을 것으로 보고 있다. 원시시대의 인간들은 의식주를 해결하고 동물이나 외부 적의 공격으로부터 자신을 비롯한 가족과 부족의 생명과 재산을 보호하기 위해서 싸움을 벌이는 과정에서 달리기, 뜀뛰기, 던지기 등의 본능적인 움직임들이 필요하였다. 원시시대의 생존과 수렵생활을 유지하기 위해서 산과 들을 달리고, 뜀뛰며, 투쟁을 벌이는 과정과 무기를 던지는 동작들이 언제, 어디서부터 스포츠화가 진행되어 왔는지 정확하게 알 수는 없지만, 고대 올림픽이 처음에는 달리기 한 가지로 시작되었다.

고대 올림픽과 육상경기
　기원전 1200년경 펠로폰네소스 반도로 내려와서 그리스에 뿌리를 내린 도리아인들은 농업이나 상업을 중심으로 도시국가를 형성하여 찬란한 그리스 문화를 이룩하였다. 이들 도시국가들은 동맹을 이루고, 신에 대한 의식으로서 제전 경기를 통하여 그리스 전체의 친선과 단결을 도모하였다. 이들 제전 경기 가운데 코린트 지방의 이스트미안 게임, 네메아 지방의 네메안 게임, 델포이 지방의 피디안 게임, 그리고 올림피아 지방의 올림피안 게임이 4대 제전 경기로 널리 알려졌다. 펠로폰네소스 반도 서해안에 위치한 올림피아 평원에서 제우스신에게 바치는 제전경기였던 올림피안 게임이 고대 올림픽으로 발전하였다.

고대 올림픽은 기원전 776년에 시작되어 그 후 4년마다 열렸으며, 경기 기간은 처음에는 하루였던 것이 7~8회 경기 대회부터는 3일간이 되었고 나중에는 제례행사를 합하여 5일간이 되었다. 고대 올림픽의 참가 자격은 그리스의 도시 국가 시민권을 지니고 있으며 법에 의해 형벌을 받은 적이 없는 사람, 제우스신을 모독한 일이 없는 사람으로 제한되었다. 참가자격을 갖춘 사람들은 10개월 동안의 훈련을 마치고 대회 전 30일간의 합숙훈련을 실시하였다. 우승한 선수에게는 제1회 경기부터 제6회 경기까지는 사과 열매가 주어졌으나, 제7회 경기부터는 황금 낫으로 베어 만든 올리브관과 야자열매가 주어졌다. 올리브 가지로 만든 관을 우승의 표시로 준 이유는 경기에서 우승한 것이 물질적인 상품 때문이 아니라 명예를 위해서였다는 것을 나타내기 위해서였다.

고대 올림픽의 경기 종목은 제1회 경기부터 제13회 경기까지는 단거리 경주뿐이었다. 달리는 거리는 1스타디온으로 약 191.27m

였다. 스타디온은 경주로의 길이와 경기장 내의 직선을 달리는 경기라는 뜻으로 오늘날 대경기장(스타디움, stadium)의 명칭으로 남아 있다. 출발선은 너비가 1.20m 정도이고 발을 딛기에 편리하도록 홈이 파여 있는 출발용 돌이 나란히 놓여 있었고, 출발은 고정된 돌 위에서 선 자세로 행하여졌다. 또, 돌기둥으로 갈라져 있는 20개의 구획이 있어 20여 명이 동시에 경주할 수 있었다. 부정 출발을 엄하게 단속하였으며, 달리는 방법은 두 팔을 크게 흔들고 허벅지를 높이 들어 올리며 윗몸을 앞으로 약간 기울인 모습이었다. 제14회 경기부터는 2스타디온 달리기로 경기장의 주로를 1회 왕복하는 중거리 경주가 채택되었고, 제15회 경기부터는 12~24스타디온 달리기로 경기장 주로를 6~12회 왕복하는 장거리 경주가 채택되었다. 달리기 종목만 실시했던 고대 올림픽에 다른 경기 종목이 추가된 것은 제18회부터이며, 이때 5종경기가 채택되었다. 5종경기는 도약, 달리기, 원반던지기, 창던지기, 레슬링으로 이루어졌으며, 그 중 육상경기를 살펴보면 달리기는 직선주, 왕복주, 장거리주, 무장 경주의 네 종류가 있었는데, 모든 종목은 맨발로 하였다. 도약에는 높이뛰기, 멀리뛰기, 뛰어내리기의 세 종목이 있었는데, 멀리뛰기가 가장 중요시되었다. 멀리뛰기는 약 12m의 거리를 도움닫기 하여 발구름판의 위치에서 두 팔을 뒤로 당기고 도약과 동시에 두 팔을 앞으로 흔들고 착지할 때에는 균형을 잡기 위해 다시 두 팔을 뒤로 가져갔으며 거리는 붉은 끈으로 표시되었다. 원반던지기는 고대 그리스인이 애호했던 경기였다. 창던지기는 멀리던지기와 정확히 던지기의 두 종목이 있었으며, 창의 길이는 약 2m로 지금처럼 도움닫기에 의해서 던져졌다. 창던지기는 원반던지기에 비하여 힘보다도 기술이 중요시되었다.

아테네와 스파르타의 오랜 전쟁으로 국민 사상이 급속도로 타락하고 개인주의가 만연하면서 그리스 도시 국가는 정치적으로 파경을 맞게 되었다. 올림피아 경기와 그 밖의 여러 가지 제전 경기에도 영향을 미치면서 아마추어 정신은 점차 사라지고 물질적인 보상과 명예를 추구하게 되었으며, 선수를 매수하는 등 여러 가지 부정이 행해졌다. 고대 올림픽은 디오니시우스 1세가 왕위에 오르면서 기독교 외 다른 종교를 금하였기 때문에 기원전 393년 제293회를 마지막으로 오랜 역사의 막을 내리게 되면서 올림피아 신전이나 경기장의 많은 시설도 파괴되었다. 그로부터 14세기 반이 지난 1859년 그리스가 터키의 지배하에서 독립한 것을 기념하는 독립기념 부활 올림픽이 열리기까지 육상경기는 그 명맥을 유지해 왔다.

근대 육상경기

고대의 육상경기는 단거리에서 출발했지만, 근대의 육상경기는 장거리부터 시작되었다. 찰스 2세 시대(1660~1685)에 영국의 귀족들 사이에는 각자가 고용하고 있는 풋맨(마차를 끌고 말을 보살피는 사람, footman)을 도로에서 경주시켜 내기를 하는 것이 유행이었다. 당시 도로상태가 나빠서 마차가 흔들렸으므로 여행하는 귀족들은 다리가 튼튼한 풋맨을 고용하여 마차가 달리는 길을 미리 정리하거나 다음 도착지에 보내 휴식이나 숙박을 준비시켰는데, 그들 풋맨들로 하여금 달리는 장거리 경주를 벌이게 한 것이다. 이러한 풋맨들은 그 후 도로가 정비되고 철도가 부설됨에 따라 자취를 감추게 되었으나, 그 후에 직업 달리기 선수로 전향하고, 장거리 경주는 널리 전파되어 귀족 자제들도 가명으로 경기에 출전하는 등 일반 대중들도 참가하게 되면서 영국에서 시작된 육상경기의 시초를 이루게 되었다. 19세기 후반에는 근대 육상경기가 그 틀을 잡은 시기이다. 허들을 포함한 트랙경기와 필드경기의 종목들이 거의 갖추어졌다.

근대 올림픽 대회가 탄생한 후에 다른 스포츠 경기 종목들과 마찬가지로 육상경기도 매우 빠른 속도로 보급, 발전하였다. 19세기 후반에 접어들면서 근대 육상경기는 르네상스로부터 비롯된 자연주의적인 사상을 받아들였다. 독일의 바제도우는 1774년 자연주의 교과 과정에 처음으로 달리기, 뜀뛰기, 던지기, 레슬링 등의 고대 그리스 운동을 도입했고, 프랑스의 마모로스도 체육 지도자 양성의 교과 과정에 멀리뛰기, 장대높이뛰기 등을 채택하였다. 그 뒤 이튼, 차터 하우스 등 명문학교들이 육상경기를 교과 과정에 포함시켰으며, 이는 옥스퍼드대학과 캠브리지대학까지 확대되었다. 대학의 스포츠클럽이 탄생하고 대학 간의 육상경기 대항전이 개최되기 시작했으며, 영국, 미국 등에 육상경기 단체도 구성되었다.

육상경기를 대회로 조직한 것은 영국의 퍼블릭스쿨과 대학이다. 1837년, 이튼학교에서 최초의 학급대항 육상경기가 있었으나, 최초의 육상경기 대회는 1864년 3월 5일 옥스퍼드대학과 캠브리지대학의 대항전이었다. 1866년 3월 23일 최초의 영국선수권대회가 런던에서 개최되었으며, 이 대회에서 처음으로 아마추어 규칙이 적용되었다.

1730년 근대 육상경기 발전의 촉매제로 간주될 수 있는 스톱워치가 발명되었다. 고대에서는 우승자만을 받들었으나 근대 육상에서는 기록에 더 큰 비중을 두었다. 기록은 선수들의 경쟁 심리를 더욱 자극하게 되면서 육상 발전에 크게 기여하게 되었다. 즉 육상경기의 역사는 기록의 역사라고 할 수 있다.

미국은 1873년 최초의 학생 경기단체(ICAA)가 결성되어 이 단체가 주최한 제1회 학생선수권대회가 1876년에 열렸다. 1913년 베를린에서 최초로 국제 조직인 국제육상경기연맹(IAAF)이 결성되어 제1회 총회를 개최하였다. 제2차 세계대전 이후의 스포츠는 시설, 용구, 장비의 개량, 훈련의 과학화 등으로 눈부시게 발전하였다. 1948년에는 사진 판독기가 등장하였으며, 1968년 멕시코올림픽 때는 마법의 융단이라는 우레탄 트랙이 설치되었다. 스타팅 블록과 출발 신호의 개선은 더욱 기록을 단축하였으며, 스파이크(경기화)와 유니폼의 변화도 기록 단축에 큰 도움을 주었다. 또한 훈련방법, 주법연구, 생리학, 인체공학 등도 기록 향상에 많은 기여를 했다. 1960년 로마올림픽 때 처음으로 전광판은 관중이 그때그때 기록, 결과, 선수를 확인할 수 있어 흥미를 더해주게 되었다. 1964년 도쿄올림픽 때는 TV가 위성중계를 하면서 육상경기의 발전을 촉진하였다. 육상의 과학적 훈련방법을 개발하기 위한 생리학, 인체공학, 생화학 등 다각적인 연구

가 이루어졌고 그 결과 인간 능력의 한계가 어디까지인가를 알
수 없을 정도로까지 발전하고 있다.

우리나라 육상경기

우리나라 육상경기의 효시는 운동회에서 시작되었는데, 1896년
5월 2일 동소문 밖 삼선평(지금의 삼선교)에서 외국어학교의 분교
인 영어학교 학생들이 영국인 교사 허치슨의 지도 아래 '화류회'
라는 운동회를 개최한 것을 들 수 있다. 1897년 6월 지금은 역사
속으로 사라진 동대문운동장 자리인 훈련원에서 영어학교 대운동
회가 열렸는데, 경기종목으로는 300보 경주, 600보 경주, 공던지
기, 대포알던지기, 멀리뛰기, 높이뛰기 등이 실시되었다. 운동회의
형식도 점차 정돈되어 1920년대에 들면서 육상경기대회라는 명칭
아래 발전하게 되었다. 육상경기는 운동회 시대에서 발전하여
1920년경부터 체계를 갖추게 되었는데, 1920년 11월 13일 조선체
육회가 발족되어 1924년부터 전 조선육상경기대회를 개최하였다.
1925년 경성 운동장의 준공을 계기로 조선신궁봉찬 체육대회를
열기 시작하였다. 1937년에는 조선체육회가 강제 해산되어 일본
인으로 구성된 조선체육협회에 흡수되면서 오늘날의 전국 체전의
기원인 전조선종합체육대회도 1945년 광복 때까지 맥이 끊어졌다.
광복 직후인 1945년 9월 23일 조선 육상경기연맹(오늘날 대한육상
경기연맹)이 발족되어 국내대회를 개최하였으며, 마라톤을 중심으
로 국제대회에 출전하여 우수한 성적을 거두었다.

02

고대 올림픽은 육상경기로 시작되었다

고대 올림픽은 기원전 776년에 시작되어 4년마다 열렸으며, 대회기간은 처음에는 하루였던 것이 7~8회부터는 3일간, 나중에는 제례 행사를 합하여 5일간이 되었다. 경기종목은 제1회부터 제13회에 이르기까지는 육상경기의 단거리 경주뿐이었다. 제14회부터는 2스타디온 달리기로 경기장의 주로를 1회 왕복하는 중거리 경주가 채택되었고, 제15회부터는 12~24스타디온 달리기로 경기장 주로를 6~12회 왕복하는 장거리 경주가 실시되었다. 달리기 종목만 실시했던 고대올림픽에 다른 경기종목이 추가된 것은 제18회(B.C. 708년)부터로 5종경기가 채택되었다. 5종경기는 멀리뛰기, 달리기, 원반던지기, 창던지기, 레슬링으로서 레슬링 외에는 모두 육상경기에 해당한다. 우선 멀리뛰기를 실시하여 일정한 거리를 뛴 사람만이 남아서 창던지기를 실시하고 상위의 네 사람만이 191.27m의 단거리 달리기를 실시하여 한 사람을 탈락시킨다. 세 선수가 원반던지기를 실시하여

한 사람을 탈락시키고 남은 두 사람이 마지막에 레슬링으로 최종승자를 결정한다. 따라서 5종경기는 신체를 균형적으로 발달시키는 데 매우 알맞은 종목으로 고대 그리스인들이 균형적인 신체를 추구했다는 것을 잘 나타낸다. 그러나 고대 올림픽은 해를 거듭할수록 승자에게 과도한 명예와 부가 주어지면서 점차적으로 프로화되는 경향을 나타냈다. 프로화된 선수는 유명 경기에서 이기면 명예와 수입이 늘어나기 때문에 새롭고 특별한 훈련으로 오로지 경기력 향상에만 힘썼고 교양이나 아름다움, 건강 등은 돌보지 않게 되었다. 올림픽 우승이라는 영예를 노리는 프로화된 선수가 경기에 참가하면서부터 정신과 신체의 조화로운 발달을 꾀했던 올림피아의 정신은 사라져 버렸다. 고대 올림픽은 그리스가 마케도니아에 정복되고, 또 로마에 의하여 지배

받게 된 후에도 계속하여 행해졌으나, 주로 프로화된 선수의 경기를 구경하는 오락적이고 흥미 위주의 행사로 전락하게 되었다. 판크라티온, 복싱 등과 같이 보고 즐기는 위험한 운동이 성행하였다. 고대 올림픽은 디오니시우스 1세가 왕위에 오르면서 기독교를 위하여 다른 종교를 금하였기 때문에 기원전 393년 제293회를 마지막으로 오랜 역사의 막을 내리게 되고 그 후 올림피아 신전과 많은 경기장 시설도 파괴되었다. 그러나 육상경기는 그 명맥을 계속해서 유지해왔으며, 1859년 그리스가 터키의 지배하에서 독립한 것을 기념하는 경기대회에서 화려하게 부활하였다.

03
사라진 육상경기 종목

 제1회 아테네올림픽의 육상경기는 100m, 400m, 800m, 1,500m, 마라톤, 110mH, 높이뛰기, 장대높이뛰기, 멀리뛰기, 세단뛰기, 포환던지기, 원반던지기 등의 12개 종목으로 시작하였다. 그러나 올림픽을 계속하면서 새롭게 실시되었다가 지금은 사라진 종목들이 여럿 있다. 1900년 제2회 파리올림픽 때부터 실시되기 시작하여 제3회 세인트루이스올림픽 때까지 실시된 제자리 높이뛰기, 1912년 스톡홀름올림픽 때까지 실시된 제자리 멀리뛰기와 제자리 삼단뛰기는 지금은 사라진 대표적인 도약종목이다. 오늘날의 경기와 비슷하지만 도움닫기를 하지 않고 제자리에 서서 뛴다는 점이 다르며, 지금의 경기와 동일한 방식의 종목도 병행해서 실시되었다. 올림픽 육상에서 최초로 흑인 입상자가 나온 것은 세인트루이스올림픽 때 제자리 높이뛰기에서 2위를 한 미국의 스탠들러였다.
 이 세 가지 도약종목에서는 경이로운 경기력과 함께 불굴의 투지를 발휘한 유명한 선수가 있었다. 오늘날 종목이 실시되지 않고 있기 때문에 거의 잊혀진 선수이지만 미국의 레이 유리(Ray Ewry)는 1900년 2회 파리올림픽 때부터 연속 3차례 올림픽에서 세 가지 도약종목에서 8개의 금메달을 차지하였다. 어린 시절 소아마비를 앓았던 그는 오랜 세월을 휠체어에 의지해서 살아야만 했으나, 끈질긴 노력으로 다리의 기능을 회복하게 되었다. 20세가 되어서야 단순하게 정상적으로 걸을 수 있게 되었으나 계속적인 훈련을 통해서 상상하기 힘든 점프력을 갖추게 되었으며, 제2회 파리올림픽과 제3회 세인트루이스올림픽에서 3종목의 연속 3관왕을 차지하였다. 그는 당시 장대높이뛰기와 도움닫기, 멀리뛰기에서 우승을 차지했던 어빙 박스터(Irving Baxter)와 함께 겨루어 모두 승리하였으며, 높이뛰기에서 1.65m, 멀리뛰기에서 3.47m의 세계신기록을 수립하였다.

물론 육상경기로 간주되기에는 미흡하지만 1900년 파리올림픽에서 1920년 앤트워프올림픽 때까지는 학교 운동회에서 가장 인기종목이었던 줄다리기도 당당한 올림픽 종목이었다. 한 팀당 여덟 명의 선수가 출전했으며, 줄의 길이는 1.8m, 경기 시간은 5분이었다. 5분 이내에 일정 표시된 부분까지 줄을 당길 경우 승리했으며, 만일 5분이 지나도 승패가 가려지지 않으면 종료 후 더 많이 끌어당긴 쪽이 승리했다. 국가별로 여러 팀의 출전이 가능했기 때문에 한 나라가 금·은·동 세 개를 모두 휩쓰는 경우가 빈번했다. 1904년 세인트루이스올림픽에서는 미국의 클럽팀이 메달 세 개를 싹쓸이 했는가 하면, 1908년 런던올림픽에서는 영국이 금·은·동을 모두 차지했다.

　1904년 세인트루이스올림픽에서 시작되어 1920년 앤트워프 올림픽 때까지 실시된 56파운드 멀리던지기가 있다. 손잡이가 달린 25kg 무게의 포환을 장대 너머로 던지는 경기로서 육상 종목 중 하나인 포환 던지기와는 조금 다른 방식으로, 멀리 던지는 것이 아니라 높이 던지는 능력을 겨루는 종목이었다. 1900년 파리올림픽 때는 육상경기와 승마경기의 혼합 형태로 말을 탄 채로 높이뛰기와 멀리뛰기를 겨루는 종목도 실시되었다.

04
육상 트랙은 왜 왼쪽으로 도는가?

    육상 트랙을 왼쪽으로 돌게 된 것은 사람들이 오른쪽 부위를 더욱 많이 사용하는 오른손잡이가 훨씬 많다는 것을 고려해서 유리하게 작용하도록 규칙이 만들어져서 적용되었기 때문이다. 1896년에 개최된 제1회 아테네올림픽에서는 트랙경기가 현재와 같이 왼쪽으로 도는 것이 아니고 개최국의 규정과 관습에 따라서 시계방향과 같은 오른쪽으로 도는 규칙이 적용되었으나 아테네대회가 끝난 후 많은 선수들이 불편을 호소하고 국제육상 관계자들이 모여서 분석한 끝에 1913년 국제육상경기연맹은 지금처럼 왼쪽으로 도는 규칙을 채택하였다.

    동신대 산업공학과 정화식 교수팀이 국제학술지 '인간공학' 최신호에 발표한 논문에 따르면, 무작위로 선정한 한국인 2,437명 중 86.3%(2,103명)가 오른손잡이, 5.8%(141명)가 왼손잡이, 7.9%(193명)가 양손잡이로 각각 나타남에 따라 우리나라에는 오른손잡이가 월등히 많으며, 국제적인 자료에서도 오른손잡이가 약 85%인 것으로 알려져 있다. 특히 왼손잡이들은 전반적으로 왼손을 사용하는 특성이 강하지만 글씨를 쓰는 손은 왼손과 오른손 사용 비율의 차이가 크지 않았다. 이는 책이나 공책, 책상 등이 오른손잡이 전용으로 만들어져 있어 왼손으로 글씨를 쓰는 데 어려움이 많고, 선생님이나 부모의 강요로 어려서부터 오른손으로 글씨 쓰는 습관을 들였기 때문으로 연구팀은 분석했다. 또 전체 왼손잡이의 65%는 일상생활의 불편함을 호소했으며, 73.8%는 오른손잡이 위주로 만들어진 시스템과 장비를 사용하다 사고나 상해를 당한 적이 있다고 하였다.

오른손잡이는 오른손과 오른발을 더욱 많이 사용하기 때문에 오른쪽의 근육이 더 발달하여 달리기를 할 때 오른쪽 다리가 왼쪽 다리보다 더 많이 나가게 되어 있다. 트랙을 돌면서 바깥쪽의 다리를 더 넓고 힘 있게 뛰어야 하기 때문에 오른쪽 다리가 강한 오른손잡이들은 왼쪽으로 몸을 기울여 트랙의 곡선주로를 도는 것이 더욱 효율적이며 편안하게 된다. 오른손잡이는 주로 사용하는 오른쪽 다리에 주로 힘이 실리게 되면서 공을 찰 때는 오른발을 주로 사용하며, 바지를 입을 때도 왼발로 딛고 오른쪽 다리를 먼저 입곤 한다. 또한 오른손잡이는 체중이 왼쪽 다리로 쏠리게 되면서 한발씩 딛고 체중을 측정하면 왼쪽 다리를 딛고 측정하는 경우가 더 무겁게 나타난다. 심장의 위치가 왼쪽에 위치하는 것도 중심의 위치가 왼쪽으로 쏠리도록 하는 데 영향을 미친다. 직선으로 똑바로 걸어갈 때 실제로는 양쪽 다리의 힘이 차이가 있지만 눈으로 좌우방향으로 기울어지지 않도록 조정을 하게 되면서 똑바로 걸어갈 수 있게 된다. 그러나 만약 눈을 가리고 앞으로 걸어가도록 하면 오른손잡이는 왼쪽으로 치우치고, 왼손잡이는 오른쪽으로 치우쳐서 가게 된다. 즉 오른손잡이는 왼쪽으로 기울어지기 때문에 중심을 왼쪽에 두고 축으로 하며 오른쪽 다리를 더욱 활발하게 움직이면서 시계반대방향으로 도는 것이 자연스럽고 기록도 더욱 좋게 나타난다. 왼쪽 다리는 축이 되고 오른쪽 다리는 추진력을 주로 발휘하는 기능을 담당하면서 곡선주로를 달릴 때 원심력을 최소화하게 된다. 사이클 경기나 경마와 같이 트랙을 이용하는 종목은 모두 왼쪽으로 돈다. 트랙을 왼쪽으로 도는 규칙은 왼손잡이가 불리하게 작용하므로 이에 대비한 훈련이 요구된다. 훈련과정에서 트랙을 왼쪽으로 도는 것에 대한 과학적인 고려가 요구되는 것이다. 트랙의 곡선주로를 오른손잡이와 왼손잡이가 공평하게 경쟁하기 위해서는 왼쪽과 오른쪽으로 돌게 해서 2차례 경쟁하게 하는 것은 어떨까?

05
육상선수의 체격과 체력특성

한국 육상의 부진을 체격의 열세로 간주하는 경향이 많았지만, 이젠 투척 종목을 제외하고는 외국 우수선수에 비해 손색이 없을 만큼 체격이 향상되었다. 투척과 멀리뛰기 종목을 제외하고는 국제대회에 참가하는 우리 선수들의 체격은 남녀 모두 외국 우수선수와 거의 대등한 수준이다. 그러나 육상선수의 체격과 체력 특성은 세부종목에 따라서 현저한 특성화가 요구되는데 우리 선수들은 그 특이성이 미흡한 것으로 지적된다. 투척 종목을 제외한 대부분 육상선수들은 공통적으로 발목이 말처럼 가늘다. 단거리와 멀리뛰기선수는 빠른 스타트, 점핑 및 스피드와 함께 폭발적인 파워를 발휘하기 위해서 근육량이 울퉁불퉁하게 매우 발달해 있다. 특히 단거리선수는 가는 발목, 넓은 골반과 어깨를 갖추었을 때 좋은 성적을 낼 가능성이 높다. 우사인 볼트는 신장까지 갖추면서 비교적 쭉 빠진 몸매를 가졌다. 단거리선수의 근섬유는 빠른 수축특성을 가졌을 뿐만 아니라

한 개의 신경이 지배하는 근섬유의 숫자도 매우 많기 때문에 한 꺼번에 큰 힘을 발휘할 수 있다. 허들선수는 파워와 함께 민첩 성, 협응력 및 평형성이 요구되면서 트랙종목 중 가장 기술적인 능력이 강조된다. 투척선수는 자신의 몸을 이동시키는 것보다 파워를 전달하는 데 초점을 두기 때문에 가장 큰 체격을 유지한 다. 2009년 베를린 세계육상선수권대회의 남자 원반던지기 결 승진출선수 평균 신장이 198.2cm, 여자 포환던지기 결승진출자 는 184.3cm로서 가장 크고, 체중은 남녀 모두 포환던지기 선수 가 가장 무거웠다. 높이뛰기를 비롯한 도약선수는 날씬한 몸매 를 가지면서 긴 다리와 엉덩이가 쑥 올라가 있고 신장이 큰 체형으로 신체 중심을 높여 공중으로 띄우고 이동하는 것이 효율적으로 일어나게 한다. 중거리선수는 단거리와 장거리선수를 혼합한 형태로서 비교적 크고 날씬하면서도 튼튼한 근육을 가지고 있다. 이미 체내에 저장된 에너지와 산소부족상태를 오래 유지하며 만들어야 하는 에너지가 모두 요구되기 때문에 가장 힘든 종목에 해당한다.

마라톤선수는 체격이 클수록 불리하기 때문에 신장과 체중이 가장 작으며, 장시간의 근수축이 가능한 가느다란 근육을 가지고 있다. 42.195km의 거리 동안 가급적 신속하게 몸을 이동시키는 것이 요구되기 때문에 체중이 가벼울수록 그만큼 힘이 적게 요구된다. 마라톤선수의 머리 크기가 작은 이유는 머리 자체의 질량은 몸을 옮기는 데 전혀 도움을 주지 않기 때문이다. 체격 및 체형을 고려해서 적절한 종목을 선택하는 것은 세계적인 선수가 되기 위한 첫걸음이다. 아울러 세부종목에 따른 전문체력의 향상은 기록 향상으로 직결되기 때문에 체격 및 체력의 특이성을 고려한 과학적인 훈련을 통해서 세계적인 육상선수가 나타날 수 있을 것이다.

06
흑인 육상선수

육상경기에서 흑인선수의 활약이 두드러지는 것에는 역시 타고난 유전적 능력이 바탕이 된다는 것은 의심의 여지가 없다. 마라톤에서는 2명의 우승자를 배출한 우리나라가 유전적 특성 때문에 100m의 세계적 선수를 발굴하는 것이 매우 힘든 숙제가 되고 있는 것 같다.

육상경기의 국제 판도를 그려보면 트랙의 단거리 및 도약종목은 북중미 흑인, 투척은 독일 및 러시아와 북유럽의 백인, 중거리는 영국 및 아프리카 흑인, 장거리는 아프리카 흑인 등으로 구분된다. 역시 유전적 영향에 바탕을 둔 흑인을 중심으로 한 인종상의 특성이 고려된다. 흑인은 19세기 근대 스포츠시대에서는 계급차별에 의해서 육상선수로 참여할 기회가 없었다. 흑인선수들이 처음 올림픽 입상자로 모습을 나타낸 것은 1904년 세인트루이스올림픽 제자리높이뛰기에서 2위를 한 미국의 스탠들러와 400mH에서 3위를 한 포지였다. 올림픽 첫 금메달 흑인 육상선수는 1928년 암스테르담올림픽 멀리뛰기에서 미국의 에드워드 햄이며, 트랙종목에서는 1932년 LA올림픽 100m에서 미국의 에디 톨란이 10초 3으로 첫 우승을 차지하였다. 이때부터 흑인의 육상 유전자가 모습을 나타내기 시작한 것이다. 1983년 헬싱키선수권대회에서는 모두 33개의 금메달 중 흑인이 14개를 차지했으며, 1987년 로마선수권대회에서는 흑인이 19개로 백인을 앞서기 시작했다. 1991년 도쿄선수권대회 때는 흑인이 무려 29개의 금메달을 차지하였으나, 백인은 고작 3개의 금메달, 나머지는 황인이 차지하였다. 흑인선수의 두각은 올림픽에서도 예외는 아니었다. 역대 올림픽 육상의 4관왕은 모두 미국의 흑인선수로서 제시 오언스와 칼 루이스이며, 현재 트랙의 거의 전 종목은 흑인들이 석권하고 있다.

흑인 육상선수의 두각과 관련된 인종상 특성은 백인에 비해서 지방질이 적고 엉덩이가 좁으며, 긴 다리와 두터운 허벅지, 가는 종아리 등을 중심으로 한 타고난 체형을 가진 것에 기인한다고 볼 수 있다. 흑인은 체형구분에서 상하지가 야위고 머리가 작은 외배엽에 해당하여 백인의 중배엽 혹은 아시아인의 내배엽과 비교된다. 흑인 육상선수의 인종상 특성은 아프리카 흑인선수의 장거리요인과 북중미 흑인선수의 단거리요인으로 크게 이분화될 수 있다. 2가지 유형의 흑인선수 속성에는 다른 형태의 근육에서 찾아볼 수 있다. 짧은 시간에 파워를 낼 때 사용되는 '속근'과 수축과 이완이 느리면서 장기간 힘이 지속되는 '지근'이 있다. 자메이카의 흑인은 1655년 서아프리카로부터 건너

온 흑인이다. 북중미 흑인은 속근이 발달된 반면 아프리카 흑인은 지근이 발달되어 있다는 것이다. 이러한 근육특성의 사람은 단거리 경기에 강한 반면 지근이 발달된 사람은 마라톤과 같은 장거리에 능숙할 수 있다. 1930년대부터 이미 구소련이나 동독을 비롯한 동구권 국가들은 이러한 근육조직분석법으로 일찌감치 우수선수를 발굴했다. 흑인선수들은 각각 특성화된 근육을 바탕으로 육상경기를 지배하고 있다.

흑인 육상선수의 대표적인 스타였던 칼 루이스에 대해서 우리나라 대표 스프린터였던 장재근은 1988년 서울올림픽에서 펼친 칼 루이스와의 100m 예선 대결을 회상하며 이렇게 말했다. "당시 나는 한국에서는 최고의 선수였지만, 칼 루이스와는 비교조차 할 수 없었다. 스타트 총성이 울리고, 칼 루이스가 치고 나갔다. 그 완벽한 리듬감은 어떤 말로도 표현할 수 없었다. 그는 완벽하게 레이스를 구상해 놓고 달렸다. 엄청난 훈련량이 없다면 불가능한 것이었다." 루이스는 1984년 LA올림픽에서 남자육상 100m 우승(9초99)을 비롯해 단거리(100m, 200m, 400m, 멀리뛰기) 4관왕에 올랐다. 루이스는 어린 시절부터 뛰어난 재능을 보였으며, 항상 목표설정과 그에 따른 노력을 강조했다. 세계 최고의 선수로 군림한 이후에도 유연성을 키우기 위해 요가를 배웠고 고질적인 알레르기를 해결하기 위해 6주간 채식요법을 받는 등 끊임없이 새로운 시도를 했다. 루이스는 고등학교 시절 등번호로 25번을 달았는데, 이는 당시 멀리뛰기 목표가 25피트(약 7.6m)라는 뜻이었다. 그만큼 뚜렷한 목표를 설정하고 그를

달성하기 위해서 혼신을 다했던 것이다. 그가 고등학교 재학시절에 자신의 목표를 달성하였다는 것에서 집념을 엿볼 수 있었다. 그는 선수로서 항상 팬들에게 친절하였으며, 책임과 의무를 다하기 위해서 노력하였다. 그는 1984년 LA올림픽을 시작으로, 1988년 서울올림픽, 1992년 바르셀로나올림픽, 1996년 애틀랜타올림픽에서 9개의 금메달과 1개의 은메달을 획득하였으며, 세계선수권대회에서도 8개의 금메달을 획득하였다. 육상경기의 선수 중 사상 최다 금메달 획득선수에 해당한다. 1999년 IOC는 후안 안토니오 사마란치 전 위원장 등 전문가 6인의 심사를 거쳐 루이스를 20세기 최고의 하계 올림픽 남자선수로 선정했다.

07
육상경기는 극복의 화신인 흑인파워의 상징이었다

　근대 육상경기는 영국 상류계급의 내기 경주로 출발했다. 사회적 지위가 낮았던 흑인들은 육상경기는 물론 다른 스포츠에도 참가하기 어려웠다. 올림픽 육상에서 최초의 흑인 입상자는 1904년 제3회 세인트루이스올림픽에서 지금은 없어진 제자리에서 높이뛰기(스탠딩 하이 점프)에서 2위를 차지한 미국의 스탠들러이다. 오늘날 육상의 달리기는 흑인들이 거의 석권하고 있다. 흑인이 육상 등 각종 스포츠에서 두각을 나타내기 시작했을 때 '흑인은 육체기능만 발달하고 정신은 미개한 족속'이라는 의식이 지배적이었으나 이제 이러한 생각은 완전히 바뀌었다. 흑인 육상의 천재적 능력을 이루는 근간은 인종차별, 가난, 고통과 갖가지 역경 속에서 살아남은 끈질긴 정신력 소유자들의 후예로서 타고난 체질도 뛰어나기 때문에 잘 달릴 수밖에 없다는 이론이 지배적이다.

　흑인 단거리 유전자의 대표적인 선수인 제시 오언스(Jesse

Owens)는 1936년, 제11회 베를린올림픽에서 올림픽 사상 최초의 단거리(100m, 200m, 400m 계주, 멀리뛰기) 4관왕에 올랐다. 베를린올림픽을 통해 게르만 민족의 우수성을 선전하려던 히틀러의 코는 납작해졌다. 오언스는 "1830년대 내 조상들은 사람이 사람을 소유할 수 있다고 믿었던 미국 땅으로 노예로 팔려왔다. 나는 1936년 8월, 다른 민족이 모두 자신과 아리안족의 소유가 되어야 한다고 믿었던 아돌프 히틀러와 싸워 이겼다."고 주장하면서 인종차별에 대한 저항을 표현하였다. 그는 단순하게 저항정신만을 가진 것이 아니라 과학적인 이론을 육상경기의 훈련과정에서 접목하면서 흑인의 우수성을 증명하였다. 바람의 저항을 최소화하기 위해 항상 상체를 앞으로 숙이고 달렸으며, 추진력을 얻기 위해 팔을 휘두르되, 절대로 가슴선 이상까지 팔을 올리지 않았다. 팔을 과도하게 흔들면 신체의 균형이 깨져 몸이 흔들리게 되고 결국 직선코스로 달리는 데 방해가 된다는 것을 적용한 것이다. 이론과 실제를 조화시킨 오언스는 결국 흑인에 대한 정신적, 육체적 편견을 모두 극복한 것이다.

1968년 멕시코올림픽 육상경기에서는 흑인 인권탄압에 대한 시위가 노골적으로 표출되었다. 200m 경기에서 금메달과 동메달을 획득한 미국의 흑인 선수 토미 스미스와 존 칼로스가 시상대에서 운동화를 신지 않고 검은 양말 차림으로 목에는 검은 스카프를 둘렀다. 미국 국가가 울리자 고개를 푹 숙인 채 검은 장갑을 낀 한 손을 높게 쳐들면서 미국 내 인종차별에 항의하는 침묵시위를 벌였다. 흑인 인권운동 지도자 킹 목사가 암살된 지

여섯 달이 지난 시점이었다. 두 선수는 흑인들의 가난을 대변하기 위해서 운동화를 신지 않았고, 흑인들의 자존심을 세우기 위해서 목에 검은 스카프를 둘렀다. 스미스는 미국 내 흑인들의 힘을 상징하는 오른손을, 칼로스는 흑인들의 단결을 호소하는 왼손을 치켜든 것이다. IOC는 '올림픽 정신을 훼손하는 폭력적 행위'로 간주하면서 두 선수의 메달을 박탈하였다. 그러나 이들이 육상경기에서 보여준 메시지는 그 후 미국 사회를 휩쓴 흑인 해방운동 '블랙파워(black power)'의 상징이 되었다.

08
육상경기의 우먼파워는 더욱 강해지고 있다

고대 올림픽경기대회에서 여자는 경기출전이 금지됨은 물론 경기관람도 제한되었다. 여자선수들은 1900년 제2회 파리올림픽대회부터 테니스를 비롯한 일부종목에서 처음 모습을 나타냈으나 육상경기는 오랫동안 출전할 수 없었다. 올림픽에서 여자가 제외된 것은 고대의 전통 탓도 있지만 쿠베르탱의 영향도 컸다. 그는 처음부터 여성의 참여에 반대했다. 그는 1912년 스톡홀름올림픽 여자 수영 종목의 채택 논의가 있었을 때에도 "올림픽은 남자를 위한 것이어야 한다."고 잘라 말했다. 1932년 제10회 올림픽에서 전체 참가선수단 중 여성의 비율은 약 9%에 불과했다. 쿠베르탱은 세상을 떠나기 전인 1937년이 되어서야 "여자들이 원하면 모든 스포츠에 여성의 참가를 허용해야 한다."는 태도 변화를 보였으나 거기에도 "여성들을 웃음거리로 만들어서는 안 된다."는 단서가 붙어 있었다. 역사적으로 보면 올림픽에서 여성은 소외되어 왔다. 그리스의 고대 올림픽은 상류계층 남성들만 참가한 축제였다. 고대 올림픽의 전통에 따라 제창된 제1회 아테네올림픽에서도 여성의 참여는 금지됐다. 13개국 참가 선수단 311명(선수 245명)은 모두 남성이었고, 여자 선수는 한 명도 없었다. 여자 선수가 첫 선을 보인 제2회 파리올림픽에 참가한 1,077명 중 여자선수는 12명이었고, 윔블던 챔피언이었던 영국의 샬럿 쿠퍼(Charlotte Cooper)는 여자 테니스에서 우승하며 여성 최초의 올림픽 금메달리스트가 됐다.

1921년 프랑스의 미류어 부인이 국제여자스포츠연맹을 창립한 후 여자 육상경기가 본격적으로 진행되었으며, 이듬해 파리에서 제1회 국제여자육상경기대회가 개최되면서 여자 육상은 활성화되었다. 그러나 제9회 올림픽이 열리기 전 IOC가 여자 육상 종목을 올림픽에 포함시키기로 결정하자 로마 교황(Pope Pius ⅩⅠ)은 IOC를 비난하며 반대 입장을 분명히 했다. 쿠베르탱도 육상 세부 종목에 여자부를 포함시키는 것에 반대했다. IOC는 반론을 극복하며 여자 육상 종목을 공식 종목으로 채택했으나 올림픽 개최 기간 중에도 여성 참여 논쟁은 계속됐다. 1928년 제9회 암스테르담올림픽대회부터 100m, 800m, 400m 릴레이, 높이뛰기, 원반던지기의 5개 종목에서 처음 여자경기가 실시되었다. 그러나 이 대회 800m 결승에서 9명의 여자선수가 경기 중에 쓰러지는 사건이 일어나면서 여자의 달리기종목은 200m까지만 가능하다고 주장하였다. 중단된 여자 800m종목은 1960년 제17회 로마올림픽대회에서 다시 부활되었다.

현재 올림픽과 세계육상선수권대회는 23개 종목을 남녀 함께 실시하며, 50km 경보는 남자만 실시한다. 근력 및 파워가 중요한 육상경기에서 여자선수는 근력을 비롯한 생리적 기능이 우세한 남자에 미치지 못하는 경기력을 나타내고 있으나 스포츠과학의 도움과 기량의 급성장으로 남녀 간 기록차이는 점차 좁혀지고 있다. 여자선수의 근력은 대표적 남성 호르몬인 테스토스테론의 적은 분비에 의해서 남자선수의 60~80% 수준에 머물며 심폐지구력도 상대적으로 15~20% 정도 떨어진다. 특히 폭발적인 파워를 바탕으로 중력과 맞서는 높이뛰기, 세단뛰기, 장대높이뛰기, 투척종목 등에서 현저한 열세를 나타낸다.

세계기록에서 성차가 가장 큰 종목은 창던지기로서 26.6%의 열세를 나타내고 있는데, 경기용 창의 크기와 무게(남 260~270cm, 800g/여 220cm, 600g)의 차이를 고려한다면 동일 무게일 경우 더욱 큰 차이를 나타낼 것이다. 남녀 간 기구 중량의 차이 때문에 원반, 포환 및 해머던지기에서는 기록 차이가 현저하게 줄어든다. 포환던지기(남 7.26kg, 여 4kg)는 단지 0.49m의 차이(남 23.12m, 여 22.63m)를 나타내며, 해머던지기(남 7.26kg, 여 4kg)는 약 10%의 열세를 나타낸다. 원반던지기(남 지름 22cm, 2kg/여 지름 18cm, 1kg)는 오히려 여자기록이 더 우세하다. 육상경기 전체적인 종목의 남녀 기록 차이는 약 13% 정도로서 근육량의 남녀차이가 가장 주된 요인으로 간주된다.

마라톤은 심폐기능의 차이에 의해서 현재 세계기록이 남자보다 10분 30초가 뒤떨어지고 있으나 그동안의 기록변화추세를 살펴보면 차이는 계속해서 줄어들고 있다. 남자마라톤의 최초

공식기록은 1908년 2시간 55분 8초로서 현재까지 매년 30초씩 단축되는 추세를 나타냈다. 짧은 역사를 가진 여자마라톤의 최초기록은 1966년 제70회 보스턴마라톤대회에서 미국의 23세 여성 로베르타 루이즈 기브슨이 수립한 3시간 21분 40초로서 남자자격으로 참가하여 골인 후 여자임을 밝히는 일종의 시위를 벌이면서 기록된 것이다. 1984년 LA올림픽에서 처음 정식종목으로 포함되는 여자마라톤의 도전은 계속되어 매년 약 90초씩의 빠른 단축추세를 나타내고 있다. 여성의 높은 체지방량을 중요한 에너지원으로 활용할 수 있는 훈련방법이 제시될 경우 추월의 가능성도 조심스럽게 예측되고 있다.

09
체격 열세를 극복한 육상선수

    육상선수는 세부종목별로 적절한 체격조건이 요구되며, 우리 선수들도 투척과 멀리뛰기를 제외한 대부분의 종목에서 거의 손색없는 체격을 소유하고 있다. 세계적 선수들 가운데 체격적 열세를 극복하면서 우수한 기록을 수립한 선수들은 많다. 심지어 장애를 극복한 선수도 있다. 올림픽 육상종목에서 3개의 금메달을 딴 미국 최초의 여자선수인 윌마 루돌프(Wilma Rudolph)는 어린 시절에 소아마비 병을 얻어 11세 때까지 왼쪽 다리에 보조기를 대지 않고는 걸을 수 없는 격심한 장애를 가지고 있었다. "이 아이는 다시 걸을 수 없습니다." 4살 때 루돌프에게 소아마비 진단을 내린 의사의 말이었다. 그녀는 1940년 미국 테네시 주에서 아버지는 짐을 나르는 노동자였고, 어머니는 가정부로 일해서 생계를 유지하는 가난한 가정의 22남매 중 20번째로 태어났다. 루돌프의 강력한 후원자는 어머니로서 매주 버스로 45분이 걸리는 병원을 찾아 물리치료를 받게 했으며, 물리치료법을 직접 배워서 딸에게 시술하였다. 그렇게 4년이 지난 후 8세가 된 루돌프는 특수화를 신고 걸을 수 있게 됐으며, 11세 때는 보조화마저 벗어 던지고 이리 저리 뛰어다니게 된 것이다. 오빠들과 뒤뜰에서 농구를 즐기더니 급기야는 중·고등학교 때 정식 농구선수로 활약하였으며, 테네시 주립대학교의 에드워드 템플 코치는 그녀의 천부적인 하체와 승부근성을 높이 사서, 육상선수로의 변신을 권유했다. 결국 그녀는 1956년 멜버른 올림픽에서 400m 릴레이주자로 참가하여 동메달을 획득한 후, 1960년 로마올림픽에서는 100m에서 11초20의 세계신기록으로 우승하고 200m와 400릴레이에서도 금메달을 차지하였다. 그녀는 미국의 가장 뛰어난 아마추어 선수에게 수여하는 설리반 상을 수상하였고, 항상 겸손하고 소박했으며, 아마추어선수로만 활약하다 22세에 은퇴했다. 은퇴 후 '윌마 루돌프 재단'을 설립하여 가난한 이들을 돕고, 청소년육상경기대회를 지원했다. 루돌프는 육상 꿈나무들에게 "성공이란 금메달을 따는 것이 아니라 자신이 원하는 분야에서 최선을 다해 무엇인가를 이루는 것"이라는 점을 항상 강조했다.

장애 수준에는 미치지 않지만 육상선수들 가운데 체격적 불리를 극복한 사례는 매우 많다. 육상 남자 100m의 세계신기록 보유자인 자메이카의 우사인 볼트도 따지고 보면 체격 불리를 완벽하게 극복한 경우이다. 기존의 스프린터들의 키가 170cm대 후반에서 190cm 사이인 점과 비교해 보면 1m96cm의 긴 다리를 오므렸다 펴야 하는 스타트에 불리하고 바람의 저항을 많이 받

을 수도 있다. 작은 키에 근육으로 다져진 몸매를 특징으로 하
는 단거리 주자들과 비교할 때 볼트는 머리 하나가 더 있다고
할 수 있다. 미국 텍사스대 인간행동연구소의 에드워드 코일 교
수는 "볼트는 근육질의 짧은 다리를 가진 선수들과 비교할 때
출발에서 부족한 폭발력을 긴 다리를 이용한 넓은 보폭과 가속
력으로 극복하였다."고 지적했다.

　남자 높이뛰기 선수는 대부분 장신이며 키가 클수록 유리하
다. 2m45cm의 세계기록 보유자인 쿠바의 하비에르 소토마요르
(Javier Sotomayor)는 194cm, 우리나라의 이진택 선수도 1m90cm,
1980년대 초반에 세계기록을 3차례나 경신한 중국의 주전화
(Zhu Jianhua)는 1m94cm, 2m에 이르는 선수도 있으며, 세계 10위
권 이내 선수의 평균 신장은 195cm이다. 그렇지만 과거의 높이
뛰기선수들이 원래 키가 컸던 것은 아니다. 1964년 도쿄올림픽

우승자인 구소련의 발레리 브루멜(Vallery Brumel)은 1m85cm, 1970년 2m29cm로 세계기록을 세운 중국의 니 치칭(Ni Zhiqing)은 1m84cm인 것을 비롯하여 60년대와 70년대의 높이뛰기 선수의 키는 평균 1m85cm였다. 중국의 주전화와 동료이면서 우수선수였던 카이 슈(Cai Shu)는 1m73cm에 불과하여 본인의 키보다 54cm 이상을 더 높이 뛰었다.

2004년 아테네올림픽에서 금메달을 차지하고 베이징올림픽에서 2m32cm를 넘어 4위에 오른 스웨덴의 스테판 홀름(Stefan Holm)의 키는 불과 181cm이다. 그는 15세 때 높이뛰기선수로서는 키가 작다는 주위의 만류를 뿌리치고 고집스러운 훈련을 거듭하였다. 작은 키를 극복하고 점프력을 높이기 위해서 남들보다 더욱 빠른 속도로 도움닫기를 하도록 하체근육 발달에 주력하였다. 높이 솟구친 후 최대한 허리를 구부릴 수 있도록 유연성을 길러 특유의 기술을 개발하여 2m40cm를 기록하여 자신의 키보다 무려 59cm를 더 높이 뛰면서 단신의 굴레를 극복한 것이다. 체격불리가 결코 경기력의 열등요소만은 아니라고 볼 수 있다.

10
주의 깊게 살펴볼 트랙경기의 규칙

육상경기는 크게 '트랙(단거리, 중거리, 장거리, 장애물, 허들, 계주 등)'과 '필드(투척과 도약)' 그리고 '도로(마라톤, 경보)' 경기로 나누어진다. 세계선수권대회의 경기 종목은 모두 47개(남자 24개, 여자 23개)이다. 무조건 빨리 달리고, 높이 뛰고, 멀리 던지면 될 것 같은데 국제경기에는 까다롭기 그지없는 규칙들이 선수들을 긴장시킨다. 정교한 기록을 기준으로 승부를 결정하기 때문에 필수적으로 지켜야 하는 규칙과 효율적인 경기운영과 선수보호를 위한 규칙들이 정해져 있으며, 곳곳에 실격을 만드는 '덫'이 숨어 있다. 흔히 일반관중들이 잘 모르거나 이해가 어려운 규칙들이 많이 포함되어 있다.

육상 트랙 주로의 폭은 1.22m, 레인 폭은 5㎝이다. 트랙엔 곡선과 직선주로가 있으며, 레인은 통상 8개를 가진다. 트랙에서는 레인에 따라서 실제 달리는 거리와 원심력이 작용하기 때문에 최대한 공정한 레이스를 위해서 치밀한 기하학적 지식이 동원되어 만들어진다. 트랙의 최대 허용경사한도는 너비 방향으로 100분의 1, 달리는 방향으로 1,000분의 1을 초과해서는 안 된다. 가장 안쪽 1레인은 당연히 400m, 그 다음 2레인은 407m, 8레인은 454m와 같이 바깥쪽으로 나갈수록 7~8m의 실제 거리가 늘어나게 된다. 따라서 세퍼레이트코스가 적용되는 800m 종목까지는 출발 위치가 다르게 적용된다. 800m의 경우 120m를 달린 뒤 오픈 코스로 실시된다. 트랙 경기 중에 상대선수를 추월할 경우에는 상대선수의 안쪽으로 추월하는 것은 금지되어 있으며 반드시 바깥쪽을 통해서 추월해야 된다.

결선에서의 레인 배정은 예선 성적을 가지고 매기는데, 예선 기록이 좋은 네 명이 3, 4, 5, 6번 레인에, 상대적으로 느린 네 명은 1, 2, 7, 8번 레인을 배정받는다. 따라서 흔히 상위입상선수는 3~6번 레인 사이에서 나올 확률이 높다. 100m는 레인이 결정변수가 아니지만 200m와 400m의 경우에는 레인이 큰 변수로 작용할 수 있다. 안쪽 레인인 1, 2번은 급커버에 해당하기 때문에 원심력을 극복하면서 달리는 데 어려움을 가진다. 바깥쪽 레인의 7, 8번은 다른 주자들보다 앞에서 뛰기 때문에 페이스 조절도 어렵다. 너무 느리면 안쪽 레인한테 따라 잡히고, 빨리 가면 마지막 30~50m에서 안쪽 주자한테 역전당할 확률이 높다. 따라서 3~6번 레인이 가장 유리한 위치에 해당한다.

육상경기는 기록경기이기 때문에 풍속측정은 필수적이며, 측정시간은 스타트 신호총 또는 기타 공인된 스타트 장치의 섬광이 번쩍인 순간부터 100m는 10초간, 허들은 13초간, 200m는 선두 주자가 직선주로에 들어선 순간부터 10초간 측정한다. 풍속 측정계는 1번 레인에 인접한 직선주로 옆의 피니시라인으로부터 50m 지점에 설치하되 높이는 1.22m, 트랙으로부터 2m 이상 떨어지면 안 된다. 1936년 IAAF 총회에서 100·200·110m 허들·멀리뛰기·세단뛰기와 같이 바람에 민감한 종목의 기록은 뒷바람의 평균 초속이 2m 이내일 때만 기록을 공인하기로 결정했다. 초속 한계를 2m로 둔 것은 당시 계측 단위가 10분의 1초였고, 풍속이 초속 2m일 때 남자는 0.1초, 여자는 0.12초 정도 효과를 본다는 연구결과에 근거하였다.

1,500m 이상의 트랙경기에서는 오픈코스로 출발하게 되는데 12명 이상이 레이스를 펼칠 경우에는 출발 시 사고를 방지하기 위해서 안쪽 그룹과 바깥쪽 그룹의 2개조로 나누어 출발시켜 일정거리를 달린 후 합류하게 된다. 러닝거리가 1,000m를 초과하는 경기는 하루에 반복해서 라운드가 진행되지 않도록 한다. 선수가 하루에 2번의 레이스를 가지지 않도록 하기 위함이다. 릴레이경주에서 배턴을 떨어뜨릴 경우 떨어뜨린 선수만 주워야 한다. 배턴을 잘 잡기 위해서 장갑을 착용할 수 없으며 다른 물질을 이용할 수 없다.

11

필드경기와 마라톤의 주요 규칙

　육상경기 모든 선수들의 유니폼은 젖을 경우 속이 비치지 않는 옷감을 사용하도록 되어 있으며, 신발은 맨발도 허용되지만 경기화 착용을 권장하고 있다. 스파이크의 수는 11개를 초과하지 않아야 하며 그 길이도 9mm 이내를 유지해야 하는데 창던지기와 높이뛰기 선수는 12mm까지 허용된다. 도약경기는 진행되면서 바의 높이를 올리게 되는데 그 올리는 간격도 규칙으로 정해져 있다. 일반적으로 각 라운드가 끝난 다음 높이뛰기는 2㎝, 장대높이뛰기는 5㎝ 미만으로 올려서는 안 된다. 도약경기에서 사용되는 크로스바의 길이는 높이뛰기는 4m(±2㎝), 장대높이뛰기는 4.5m(±2㎝)이다. 크로스바의 최대 무게는 높이뛰기 바는 2kg, 장대높이뛰기 바는 2.25kg 이내다. 크로스바의 원형 부분 직경은 3㎝(±1㎜)가 되어야 한다. 크로스바는 공학적 특성을 고려해서 제작되어야 하는데, 무게 중심이 편중되어 휘게 되면 위치에 따라서 높이가 달라지기 때문이다. 바르게 걸었을 때 높이뛰

기 바는 2㎝, 장대높이뛰기 바는 3㎝ 이내로만 휘어야 한다. 높이뛰기의 경우 흔히 선수들은 평균 6~8번 뛰게 되며, 이들은 평균 9~11보를 내딛는데 그 보폭이 2m~2m30cm, 2m30cm 이상을 뛰기 위해선 도약 지점 3보 전 초속 7m 이상의 파워를 내어야 우승권에 들 수 있다. 높이뛰기와 장대높이뛰기에서는 선수들이 효과적인 도움닫기를 위해서 바닥에 일정한 표시를 할 수 있다. 장대높이뛰기에서 선수들이 사용하는 장대에 대한 특별한 규정이 제한되어 있지 않으며 다른 선수의 것을 빌려서도 출전할 수 있다. 하나의 높이에서 3회를 실시하게 되는데 만약 경기 중에 장대가 부러져서 실패할 경우에는 실패시기에 포함되지 않는다. 멀리뛰기는 도움닫기 시 출발지점을 통과한 후 5초간 풍속을 측정하여 바람에 의한 영향여부를 판단한다. 높이뛰기와 장대높이뛰기를 제외한 모든 필드경기에서 8명을 초과하는 선수가 출전한 경우 각 선수는 3회의 시기를 가지며 8명 이하일 경우에는 6회의 시기를 가진다.

투척경기에서 해머던지기를 제외한 다른 종목에서는 장갑을 착용할 수 없다. 창던지기에서 금속제 창촉의 끝부분이 지면에 먼저 닿거나 꽂혀야 기록으로 유효하게 된다. 포환은 어깨에서부터 한 손으로만 던져야 한다. 선수가 포환던지기를 시작하는 자세를 취했을 때는 포환이 목 또는 턱에 닿거나 가까이 근접해야 하며 투척동작 중에는 손이 이 자세보다 아래로 내려오거나 포환을 어깨선의 후방으로 가져가서도 안 된다. 투척선수는 투척된 용구가 지면에 낙하할 때까지는 서클 또는 도움닫기 주로 밖으로 나가서는 안 된다.

마라톤경기에서 타인의 도움을 받을 수 없으며 원칙적으로 뛰거나 걸을 수는 있으나 기어가서는 안 된다. 마라톤과 경보의 도로경기에서는 레이스 도중 에너지와 수분을 공급해주기 위해서 음식섭취가 가능한데, 지정된 장소에서 사전에 허가를 받은 음식물만을 공급받을 수 있다. 레이스 도중에 코스나 트랙을 벗어날 수는 있으나 그로 인해 거리가 단축되어서는 안 된다.

Chapter 02

육상경기의 훈련과 과학

01
육상트랙

육상트랙의 길이는 400m로서 2개의 직선주로와 2개의 곡선주로로 구성되며, 공식적인 주로 수는 8개인데, 실내트랙은 150~200m 길이와 6개의 주로인 경우도 있다. 육상경기는 가장 오래된 역사를 가진 스포츠로서 제우스신을 위한 제전경기인 고대 올림픽의 유일한 종목이었다. 기원전 776년 올림피아 언덕에서 처음 개최된 고대올림픽대회는 테오도시우스황제에 의해서 기원 393년의 제293회를 마지막으로 폐지되었는데, 제1회 고대올림픽대회는 스타디온주인 단거리경주, 장거리경주인 도리코스주, 5종경기와 원반던지기가 종목의 전부인 그야말로 육상경기대회였다는 점에서 육상경기는 모든 스포츠의 효시라는 것을 알 수 있다. 당시 단거리경주의 트랙은 직선으로 이루어진 약 191.27m의 스타디온으로서 곡선주로는 없었다. 제1회 아테네 근대올림픽의 육상트랙도 지금보다는 훨씬 짧은 곡선주로를 포함하고 있었다.

　가장 안쪽 레인을 기준으로 직선거리 80m와 반경 37.898m의 반원으로 구성된 트랙은 너비 1.22m이며 레인이 바깥쪽으로 나가면서 약 7.23m 혹은 7.85m씩 길어진다. 따라서 각 주로만 달려야 하는 200m 및 400m와 같은 세퍼레이트코스의 적용 시에는 바깥쪽 레인일수록 출발선이 앞으로 당겨진다. 주로는 너비 5cm의 흰색 선으로 구분되는데, 초창기에는 줄을 쳐서 구분하였다. 바닥은 최대한 평평해야 하며 경사는 가로 쪽으로 100분의 1, 달리는 쪽으로는 1,000분의 1을 초과하지 않아야 한다.

　흔히 육상경기를 트랙과 필드(tracks and field)라고 부르며, 2011 대구세계육상선수권대회의 47개 종목 중 필드경기 16개와 도로경기 5개를 제외한 26개 종목이 트랙을 이용한다. 바닥 재질은 기록변화에 중요한 영향을 미쳤는데, 잔디, 석탄재와 흙을 혼합한 신더, 점토를 고온처리 한 앙투카 등을 거쳐 1960년대 후반부터 합성고무가 이용되는 타탄, 우레탄 등의 재질이 개발되어 기후 영향을 적게 받고 탄성과 배수능력을 향상시켰다. 2009 베를린 세계육상선수권대회의 올림피아 슈타디온은 아스팔트 위에 탄성 좋은 폴리우레탄 세 겹을 깔고 이중합성고무로 코팅하여 전체 두께가 13mm에 이르러 탄성을 극대화시켰다. 색깔은 주로 붉은 벽돌색이 주류를 이루어 다소의 흥분상태를 유지토록 하거나 청색이 소개되기도 하여 마치 구름 위를 나르는 느낌을 주는 것처럼 선수들의 심리적 상태에도 영향을 미친다. 대구스타디움은 코오롱 유화가 개발한 폴리우레탄 재질의 '코니트랙 F'를 깔아 2003년 국제육상경기연맹으로부터 1급 공인을 받은 바 있으나 대회의 완벽한 준비를 위해서 새롭게 파란색의 몬도 트랙으로 교체하여 2011년 4월 23일 국제육상경기연맹으로부터 1급 공인을 다시 획득하였다.

육상선수의 유전자

　과연 세계적인 육상선수는 타고 나는 것일까, 길러지는 것일까? 육상선수의 유전적 능력에 관해서 논란이 많지만 무엇보다 천부적인 능력이 바탕이 되어야 한다. 스포츠과학 분야에서는 육상경기에서 아프리카 세의 장거리 독점현상을 유전적 관점에서 해석하고 있다. 유전학 분야는 최근 과학 분야뿐만 아니라 스포츠과학에서도 중요한 관심주제로 간주되고 있다. 최근 개최되는 국제적인 스포츠과학학술대회에서도 최대 이슈는 역시 유전학과 스포츠과학이다. 미국학자 보우차드(Bouchard) 박사는 미래 유전학 연구는 인터넷, 로봇 등에 의한 첨단기술의 도움을 받아 더욱 활성화될 것이며, 유전자와 기후, 환경, 다이어트, 고지대, 운동의 관련성을 분석하기 위한 시도가 이루어질 것으로 예측하였다. 또한, 스웨덴의 벵거트 살틴(Bengt Saltin) 박사는 트레이닝 분야의 과학화를 위한 시도과정에서는 유전특성을 결정하는 유전자 및 유전정보를 효율적으로 동원시키고 분열시킬 수 있는 프로그램의 개발이 요구된다고 주장하였다. 즉, 유전자형(geno-type)에 의한 특성분석을 토대로 어떤 표현형(pheno-type)의 선수로 만들어갈 수 있을 것인가와 관련된 적용과정이 스포츠과학에 대한 유전학 접목의 핵심을 이룬다는 것이다. 인간에게는 35,000개의 유전자와 150만 개의 전이정보가 존재하는데, 유전특성과 종목의 특수성을 결합시킬 수 있는 훈련방법의 개발이 주된 주제가 될 것이다. 아프리카의 장거리선수들은 유전특성, 유전정보, 유전특이성 호르몬 등의 관점에서 특수성을 가진 것으로 분석되고 있으며, 이들의 유전적인 특성이 환경요인 및 훈련과정에 의한 자극요인 등과 복합적으로 작용하면서 세계 육상 장거리 분야의 독점이 가능한 것으로 해석되고 있다. 따라서 스포츠 분야의 유전학 연구는 특수성을 가진 유전정보를 보유한 선수의 발굴에서부터 그들이 가진 유전정보를 개발할 수 있는 훈련방법의 개발에까지 초점이 맞추어지고 있다. 유전학과 스포츠과학의 결합성에 대해서 관심을 높여가야만 세계 스포츠계와 발걸음을 같이 할 수 있을 것이다.

베이징올림픽과 2009 베를린선수권대회에서 우사인 볼트를 비롯한 자메이카 선수들이 육상 단거리 종목을 석권하게 된 중요한 원인 중 하나로 유전적인 특성을 꼽았다. 자메이카 공대 에롤 모리슨 교수와 영국 글래스고대학 공동연구팀은 자메이카 육상선수의 70% 이상이 근육 수축과 이완을 빠르게 일으키는 액티닌-3이라는 특이 유전자를 가진 반면에 호주 육상선수들은 단지 30%만이 이 유전자를 가진 것으로 보고하였다. 인구 280

만 중 흑인인구가 90% 이상인 자메이카인들은 천부적인 단거리 유전자를 타고난 것으로 해석할 수 있다. 남자 100m의 우사인 볼트와 아사파 포웰은 물론 과거 영국 식민지시절 1948년 런던 올림픽 우승자 아서 윈트, 1992년 바르셀로나올림픽 우승자 영국의 린퍼드 크리스티, 1996년 애틀랜타올림픽 우승자 캐나다의 도노반 베일리 등은 모두 자메이카 출신이다. 물론 단거리 왕국 자메이카의 배경에는 자메이카 공대의 과학적 연구와 1인당 GDP 5천 불에 그치는 가난도 주된 요인으로 간주되고 있다.

세계적인 단거리선수는 결코 훈련에 의해서 세계적인 마라톤 선수가 될 수 없다. 육상선수의 경기력은 최소한 40% 이상은 선천적인 능력에 의해서 결정된다는 것이 중론이며, 세분화된 육상종목의 경기력 결정요인들은 단기간의 훈련을 통한 현저한 향상은 거의 불가능하다. 역대 올림픽 육상 4관왕을 살펴보면 단거리의 스프린터들이 100m, 200m, 멀리뛰기 및 400m 계주에서만 우승하였으며, 400m 이상 종목까지 우승한 선수는 없었다. 벨기에의 반 담메(Van Damme) 박사는 2002년 네이처지에 발표한 논문에서 600명의 10종경기선수를 대상으로 분석한 결과 1~2개의 특정종목 경기력이 매우 우수한 선수일수록 10개 종목 전체의 평균 경기력은 오히려 떨어진다는 관점에서 특정종목에 우수한 선수일수록 그와 관련된 유전적 특성을 가진 것으로 주장하였다. 2001년 인간의 게놈지도가 처음 발표되면서 약 4만 개 이하의 유전자를 가진 것으로 밝혀졌다. 이 가운데 운동능력에 직접적인 영향을 미치는 유전자는 지금까지 밝혀진 것이 약

22개 정도로서 지구력, 근력 및 파워, 심리적 특성에 각각 영향을 미치는 유형으로 구분된다. 장시간 운동의 에너지를 생산하는 데 중요한 역할을 담당하는 세포내 기관인 미토콘드리아 기능을 조절하는 피파-델타와 피파감마동반활성체, 혈관과 심장 기능을 조절하는 안지오텐신 전이효소 등은 심폐지구력에 영향을 미치는 유전자, 세로토닌운반체는 심리적인 특성에 영향을 미치는 유전자로 밝혀져 있다. 세계적 육상선수를 만드는 유전자가 얼마나 많이 존재하는지 두고 볼 일이다.

03
육상선수의 신발은 새털처럼 가벼워진다

　육상경기에서 신발은 기록에 절대적인 영향을 미친다. 발의 구조, 러닝기술 및 자세 등의 개인차를 고려한 과학적인 신발의 착용이 요구된다. 육상선수의 신발은 우선 가볍고 우수한 탄성을 가져야 한다. 신발무게는 기록향상의 중요한 장애로 작용하기 때문에 최대한 가벼운 신발을 선호한다.

　2008년 베이징올림픽 100m의 우사인 볼트가 9초69의 신기록 수립 당시 착용한 황금색 육상화는 가벼우면서 탄성을 높이는 탄소섬유의 스파이크 수를 10개에서 8개로 줄이고 앞부분에만 부착하였다. 밑창은 경도와 내마모성이 우수한 스키화의 페백스(Pebax) 소재로서 강한 플레이트를 형성하여 전진에너지를 향상시켰다. 뒤축에는 스파이크가 없고 쿠션을 없애서 접지시간을 단축하였으며, 전체 무게가 한 쪽 신발기준 204g으로 경량화하였다. 밑창이 푹신하여 쿠션이 높으면 추진력을 감소시킨다. 2009년 베를린에서 9초58의 세계신기록 수립 시 착용한 오렌지

색 얌(Yaam) 스파이크는 149g으로 더욱 가벼워졌다.

　단거리용 육상화는 이미 100g 이하의 무게를 가진 것이 개발된 바 있다. 1996년 애틀랜타올림픽 남자 200m 및 400m 우승자 마이클 존슨의 육상화는 스파이크 핀 6개를 가벼운 특수재질로 처리하고, 밑창두께를 2mm로 줄였으며, 외피는 하나로 된 천으로 처리하여 한 쪽 무게가 약 99.2g에 불과하였다. 트랙 러닝에서 발생하는 원심력을 줄이고 안정감을 높이면서, 신발 속 발미끄럼 방지를 위해서 신발 안팎의 디자인과 재질을 바꾸었다. 또한 공기저항을 줄이기 위해서 표면을 특수래커로 처리하였다. 존슨의 발 크기는 290mm인데 실제 신발은 이보다 약간 작게 만들어 완전히 발에 밀착되도록 하여 더욱 가볍게 느껴지도록 하였다. 신발 색깔도 관중의 관심을 끌기 위해서 예선에서는 보라색 바탕에 노란색 줄무늬, 결승에서는 황금색을 띠도록 하였다.

　신발무게는 마라톤선수에게 더욱 부담이 되는데 무게가 100g이 무거울수록 에너지소비량의 1%가 추가로 더 손실된다. 1960년 로마올림픽 우승자 아베베 비킬라는 아예 맨발로 뛰었다. 당시 신발무게가 400g을 넘을 때는 맨발이 차라리 나았을 수도 있다. 일본에서는 110g의 무게를 가진 마라톤화가 개발되었는데, 뛰어난 탄성을 지녔으면서도 두께를 줄일 수 있는 줌 에어(zoom air) 소재를 사용하였다. 충격완화를 위해서 탄성이 좋으면서 가벼운 신발바닥의 소재가 개발되었다. 주요 소재로는 공기보다 비중이 가벼운 특수가스, 실리콘 성분의 특수 젤, 특수 폴리우레탄 필름을 이용한 6각형의 벌집구조, '에어텍시스템'으로 불리는 용수철과 바퀴를 장착한 특수 수레 등이 있다. 발동작과 체중이동에 따라서 공기흐름이 바뀌도록 하는 시스템을 이용하여 충격흡수 및 반발력이 크게 발휘되도록 하였다.

충격완화를 위해서는 발의 개인적인 구조적 특성이 고려된다. 좌우 발의 구조적 차이와 발바닥 굴곡상의 특성으로 인해서 착지 시 닿는 면이 차이를 나타내기 때문에 발생하는 충격 불균형을 완화하기 위해서 신발 크기를 조절하거나 보조 패드를 부착한다. 충격완화와 마찰력을 조절하기 위해서 밑창무늬에도 변화를 준다. 육상선수들은 경기력을 최대한 발휘하고 부상을 줄이기 위해서 개인적인 발의 상태를 정확하게 분석하여 자신에게 알맞는 신발을 착용하는 것이 필수적이다.

04
육상선수는 영양섭취가 가장 중요한 운동선수이다

선수 자신의 체력이 경기력에 크게 영향을 미치는 육상선수
는 최적의 영양섭취가 매우 중요하다. 영양섭취는 에너지공급,
효율적 대사기능, 신체조직 생성의 3가지 주요 기능을 가진다.
미국 시라큐스대학의 사라 쇼트 교수팀은 대부분 육상선수들이
심각한 영양 불균형을 나타내며, 여자선수들이 더욱 심각하고
중장거리 및 마라톤선수들은 탄수화물 섭취가 부족하다고 지적
하였다. 케냐의 장거리선수들은 어려서부터 우갈리(옥수수 가루
로 만든 떡의 일종)와 감자류를 중심으로 한 탄수화물섭취와 가
공하지 않은 염소와 소젖에 크게 의존한다.

육상선수의 영양 상태는 성, 연령, 세부종목, 환경, 훈련수준
에 따라서 다르게 고려된다. 여자선수는 철분과 칼슘 섭취, 청소
년선수는 단백질, 칼슘, 철분을 포함한 성장과 발달을 우선적으
로 고려한다. 지구력 발휘과정에서 요구되는 산소공급을 위한
혈중 헤모글로빈과 근육 마이오글로빈을 형성하기 위해서는 철

분섭취가 필수적이다.

육상선수는 신발과 같은 기계적 보조제, 최면효과를 노린 심리적 보조제와 함께 체력 향상을 위한 생리적, 약리적, 영양학적 기능향상보조제를 이용한다. 단거리, 도약 및 투척선수들은 근육량 증가와 파워 향상을 위해서 육류섭취를 늘리고 크레아틴 보충제, 바다해초로 길러진 닭의 계란, 생선유, 채소유를 주로 이용한다. 아르기닌, 라이신, 오르니틴도 성장호르몬 분비를 활성화시켜 근육조직을 많이 만들면서 근력과 파워 발휘에 도움을 준다. 파워향상을 위한 근육동화작용을 촉진시키는 글루타민은 과도한 훈련 시 저하되는 면역기능 개선에도 도움을 준다. 우사인 볼트는 어려서부터 지역 특산물인 얌(yam·참마)과 해산물을 주로 섭취한 것으로 알려져 있다. 지구성 종목 선수들은 지방대사 활성화와 지구력 향상을 위해서 밀의 배아에서 추출한 옥타코사놀과 비타민E가 함유된 맥아유와 카페인을 섭취한다. 피로방지를 위해서 분지아미노산과 너트, 계란 노른자, 맥아, 콩에서 추출한 레시틴을 섭취한다. 레시틴은 파워 및 근력 향상에도 도움을 준다. 중국 여자 장거리선수들은 거북이 수프를 섭취하여 피로능력 향상에 도움을 받았다.

무기질은 골격과 근육 구성에 중요하며, 근육수축, 산소운반, 산염기 평형에 중요한 역할을 담당하기 때문에 육상선수들에게 매우 중요하다. 치즈, 굴, 구운 감자, 브로콜리는 무기질 보충에 도움을 준다. 중탄산나트륨은 젖산을 많이 생성하는 중거리선수의 체내산성 완충제로 이용한다. 비타민은 대사과정의 조효소, 항산화, 호르몬기능을 담당하기 때문에 부족해지기 쉬운 육상선수는 추가섭취가 요구된다.

수분섭취도 영양상태 유지를 위해서 중요하다. 스포츠음료의 기능은 갈증 해소, 체온 상승 억제와 에너지 공급의 3가지이며 기온에 따라서 다르게 적용한다. 섭씨 30도 전후의 고온에서 레이스를 펼칠 때는 탄수화물이 주에너지원이 되는 빠른 스피드의 기록 위주보다는 순위 위주로 지방을 잘 활용하는 레이스를 한다. 이때는 갈증 해소와 과도한 체온상승을 방지하기 위해서 생수가 더욱 적당하다. 기온이 높지 않을 경우에는 빠른 스피드와 폭발적인 에너지를 발휘하기 위해서 탄수화물이 함유된 음료를 주로 섭취한다.

육상선수는 파워발휘와 상해방지를 위해서 근육기능의 평형성이 중요하다

육상선수의 러닝에는 특정근육이 중요한 역할을 수행한다. 우사인 볼트와 아사파 포웰을 비롯한 세계적 스프린터들은 파워발휘를 위해서 몸의 중심부위 근육들이 특히 발달해 있다. 대표적인 근육인 대요근(psoas major)은 요추에서 시작하여 복부 안쪽으로 가로 질러 골반과 대퇴골 아래로 길게 부착되어 하지를 강하게 앞으로 당기는데 중요한 역할을 담당한다. 단거리선수들이 강하고 빠르게 하지를 당기면서 폭발적인 가속 스피드를 유지할 때 결정적인 역할을 하기 때문에 세계적 선수들의 대요근 횡단면적은 일반인의 3배 이상으로 발달해 있다. 대요근은 노화과정에서 현저하게 위축되어 파워발휘는 물론 균형 유지능력을 저하시킨다.

육상선수의 강한 파워 발휘를 위해서 강조되는 것은 특정근육의 발달과 함께 근육기능의 평형능력을 들 수 있다. 평형성은

정적으로 유지되는 것만 생각하기 쉬운데 더욱 중요한 것은 기능적 평형성으로서 근력과 파워의 균형능력과 함께 관절구조와 근신경의 효율성을 통합하는 능력이 요구된다. 평형능력은 신체적 안정화 및 유연성과 함께 단거리선수의 폭발적인 파워 발휘의 토대를 이룬다. 평형능력은 어느 한쪽으로 기울거나 치우치지 않는 균형은 물론 최적화된 상태를 요구한다. 육상선수는 완벽하게 최적화된 상태를 만들어 경기력을 향상시키고 상해를 방지하게 된다. 기술을 발현할 때 동작의 균형이 틀어지게 되면 효율적인 동작과 폭발적인 수행력을 발휘하지 못하며 상해가 쉽게 발생한다.

육상선수가 강한 파워를 발휘하기 위해서는 하지만 발달하면 된다고 생각하지만 상체 파워도 중요하다. 러닝 시 하지 움직임에 대하여 상체의 적절한 보상동작이 일어나야 균형적이고 강한 파워발휘가 가능해진다. 왼쪽 다리를 강하게 차기 위해서는 오른쪽 팔의 스윙동작이 강하게 보상동작을 발휘할 수 있어야 균형적이고 파워를 가진 러닝이 이루어진다. 빠른 스피드로 스타트하여 가속할 때 공기저항을 받아 상체가 들리고, 하지의 피치를 높일 때 상체가 더욱 들리게 되는데, 이때 공기 저항에 의해 상체가 들리는 것을 방지하기 위해 강한 복근력이 요구된다.

주동근(主動筋)과 길항근(拮抗筋)의 균형은 더욱 중요하다. 폭발적인 파워를 발휘할 때 무릎과 발목의 신전동작에 작용하는 대퇴사두근, 비복근 및 가자미근의 주동근 파워가 요구됨과 동시에 무릎과 발목을 보호하면서 균형적인 파워발휘를 위한 길

항근인 대퇴 뒷부분의 햄스트링스(Hamstrings)와 하퇴 앞쪽 전경
골근의 파워가 함께 요구된다. 이러한 근육들의 파워균형이 부
족하면 상해가 발생할 가능성이 높다. 단거리선수들의 파워 부
족과 햄스트링스 상해의 발생빈도가 높은 원인은 근파워의 불
균형이 중요한 원인이 된다.

　　신체적 좌우대칭도 평형을 이루면서 파워발휘에 중요한 요인
으로 작용한다. 좌우대칭성이 깨지게 되면 근육의 발달, 조정력,
호흡작용, 순환작용, 내장기관의 변위 등과 같은 변화를 가져와
각종 질병을 유발하게 된다. 또한 전후 대칭이 깨지면 불필요한
근 발현이 많이 생겨 비효율적 에너지 소비를 하게 된다. 육상
선수의 근육기능과 신체 전반의 구조적 평형성은 파워발휘와
상해 방지를 위해서 매우 중요하다.

06
육상선수의 심장

육상선수는 세부종목별로 특이한 체력요인이 요구되는데, 단거리, 도약 및 투척 선수는 순간적인 파워가 주로 강조되며, 중장거리선수는 지구력이 강조된다. 파워와 지구력을 각각 향상시키기 위해서 세부종목별로 특성화된 훈련을 끊임없이 계속하는 과정에서 육상선수의 심장 구조도 차별화된 변화를 나타낸다. 심장은 신체 각 조직에서 요구되는 산소와 영양소를 공급하기 위해서 혈액을 계속해서 뿜어낸다. 운동 시 효율적인 에너지 대사기능을 수행하기 위해서 심장은 가장 중요한 역할을 담당한다.

계속적인 훈련을 통해서 육상선수는 더욱 튼튼한 스포츠 심장을 완성하게 된다. 육상선수의 심장은 일반인들과 심장크기는 물론 기능도 현저한 차이를 나타낸다. 초음파 심장 촬영술(echocardiography)에 의해서 심장 구조와 기능을 관찰한 결과 대부분의 육상선수는 좌우 직경이 일반인의 거의 1.5배 이상 증가되어 있는 것으로 나타났다. 특히 좌심실 크기가 현저하게 증가되어 혈액을 한 번에 짤 수 있는 양이 많기 때문에 충분한 산소를 공급할 수 있게 된다. 이러한 변화는 특히 중장거리와 마라톤선수의 심장에서 나타나며 한 번에 짜내는 혈액량이 많기 때문에 심장박동을 자주하지 않아도 되는 효율적인 심장기능을 나타낸다. 마라톤선수의 안정 시 심박수는 현저하게 감소하여 40~45회 정도에 불과하지만 일반인은 60회 이상을 나타낸다. 바르셀로나올림픽 우승자 황영조는 선수시절 38회까지 기록한 바 있다.

심장 무게도 차이를 나타내는데 중장거리 혹은 마라톤선수는 350~400g에 이르지만, 일반인은 약 300g에 불과하다. 충분한 산소공급의 혈액 박출을 위해서는 좌심실의 근육이 발달하여 두꺼운 심장벽을 가져야 한다. 장거리 혹은 마라톤선수의 심실은 심실벽도 발달하지만 심실 내의 용적 자체가 더욱 현저하게 증가하는 특징을 가진다. 보스턴마라톤에서 7번이나 우승한 미국의 클라렌스 드마르 선수는 좌심실벽과 함께 용적 크기가 일반인의 2배에 가까운 것으로 나타났다. 그러나 단거리와 투척선수는 심실 용적의 변화는 거의 없으면서 좌심실벽만 주로 두꺼워지면서 실제 박출량은 일반인과 큰 차이를 나타내지 않는다. 따라서 이들의 안정 시 심박수는 일반인들보다 많이 감소하지 않는다.

육상선수 심장구조 변화의 세부종목 간 차이는 훈련내용의 차이에 기인한다. 중장거리와 마라톤선수들은 훈련과정에서 심박출량의 높은 수준을 유지하기 위해서 심실동강의 높은 수준이 계속되는 용적 자극이 지속되기 때문이며, 단거리, 투척 및 도약선수들은 간헐적으로 주어지는 순간적인 긴장 시의 증가된 동맥혈압 자극을 통해서 심실의 벽만이 두꺼워지는 변화를 나타낸다. 심장에도 계속해서 산소가 공급되어야 하기 때문에 심장 자체에 혈액을 공급하는 관상동맥의 내경도 일반인보다는 2~3배 굵어져야 한다. 장거리 및 마라톤선수들은 대부분 관상동맥이 적절하게 발달하는데, 단거리, 투척 및 도약 선수들은 가끔 관상동맥이 균형적인 발달이 이루어지지 못하면서 발달한 심실벽을 감당하지 못하는 문제를 초래하기도 한다. 육상선수의 초인적 능력의 배경에는 훈련을 통한 심장 발달이 중요한 토대를 이룬다.

07
육상선수도 끊임없이 심상 트레이닝을 시도한다

    운동선수들이 경기력 향상을 위한 과학적인 트레이닝을 위한 과정에서 항상 특수한 기구를 사용하는 것은 아니다. 동계기간처럼 눈이 많이 오거나, 기온이 매우 낮은 경우에는 실내에서 생각을 통한 트레이닝 프로그램도 이용될 수 있다. 훈련이나 경기 시 마음을 집중하거나 안정시키기 위해서 다양한 심리적 컨트롤을 시도한다. 특히 기술훈련 시에는 심상 컨트롤을 주로 이용한다. 육상선수들도 도약을 하거나 투척훈련에 임하기 전에 항상 마음으로 먼저 점핑도 하고 창을 던져보기도 한다. 자신의 폭발적인 러닝과 멋있는 동작에 의해서 신체 중심이 가지는 경로와 궤적을 그린 후 원하는 높이까지 점핑하고 착지하는 과정을 마음속으로 수차례동안 그려보는 것이다. 심상을 통해서 자신의 과거 긍정적 경험을 재창조하고 보다 나은 동작을 위해서 정신적으로 준비하고 새로운 기술을 그려보는 것이다. 심상 트레이닝(image training)의 과정에서는 시각, 청각, 촉각 및 후각 등의 모든 감각을 동원해야 한다. 1996년 애틀랜타올림픽에 참가한 미국 선수의 94%는 심상 트레이닝을 실시하였으며, 그 가운데 약 28%는 매 훈련마다 심상 트레이닝을 포함시킨 것으로 알려져 있다. 심상 트레이닝은 특히 운동기술의 학습과정에서 높은 효과를 가지며, 부상으로부터 회복하는 과정에서도 더욱 효과를 가지는 것으로 알려져 있다. 그것은 과거의 경험에 대한 긍정적 인지의 기회를 제공하는 것이다.

심상 트레이닝의 기초가 되는 근신경학적 이론은 1894년 미국학자 '카펜터'로부터 제안된 바 있는데, 그는 선명하게 심상화되는 과정에서는 실제로 운동을 수행할 때와 같이 근수축이 이루어진다는 것이다. 심상 트레이닝은 특히 육상선수들이 새로운 기술을 습득할 때 그 기술의 성공적인 수행에 영향을 미치는 요인들과 보다 친숙할 수 있는 기회를 제공한다. 딕 포스베리는 높이뛰기의 도움닫기, 점프, 공중동작, 착지훈련과정에서 매번 심상을 이용하여 배면도를 완성하였다. 경기수행과정과 관련된 심상 트레이닝에는 집중력을

향상시키게 되는데, 여러 가지 예측되는 경기상황에서 어떻게 행동하고 반응할 것인가에 대한 생각을 반복하는 것이다. 또한 이러한 반복에 의해서 스스로 어려움을 극복하는 모습을 심상화함으로써 자신감을 가질 수 있게 된다.

단거리선수들이 효율적인 동작을 통해서 레이스를 펼치거나 도약선수들이 상·하체의 균형적인 동작을 수행하기 위해서 심상과정에서는 스스로의 능력과 관련된 현상을 그려보는 내적 심상과 자신에 대해서 외적인 관찰자가 되는 외적 심상이 포함된다. 일반적으로 감각적 경험과 지식을 널리 활용하는 내적 심상이 보다 효과적인 것으로 알려져 있는데, 이때 정확하고 분명하면서 스스로 적절한 통제가 가능한 방법을 적용하는 것이 더욱 효과적이다. 심상 트레이닝에서는 선수 자신 혹은 우수선수의 경기과정을 담은 비디오테이프가 이용되어 사이버 비전(Cyber vision)에 의한 프로그램까지 개발되고 있다. 선수들은 이완되고 주의집중이 가능한 공간에서 심상 트레이닝을 실시하되, 훈련 및 경기 전·후, 휴식시간 등에 긍정적·집중적 의식을 가지고 수행해야 한다.

08
육상선수의 훈련기구와 재활훈련

　　육상선수는 근 파워 향상을 위해서 엄청난 노력을 기울인다. 자메이카의 스프린터들은 어릴 때부터 언덕을 이용한 반복적인 러닝훈련을 통해서 하지 근 파워를 향상시킨다. 근 파워 향상을 위해서는 근육의 수축 속도를 향상시키는 것이 요구되지만 일반적인 웨이트 트레이닝에서는 정확한 속도의 조절이 어렵다. 속도를 경쟁하는 육상선수는 일정한 수준 이상의 속도가 자극되어야 훈련 효과가 나타나는 등속성 훈련기구를 널리 이용한다. 등속성 훈련기구는 스스로 발휘하는 속도가 떨어지면 부하가 낮게 주어지기 때문에 과도한 부하에 의한 오버트레이닝(over-training)도 방지하며, 바벨 혹은 덤벨을 이용하는 웨이트 트레이닝과는 다르게 모든 관절의 움직임 각도에서 100% 효과를 나타낸다. 이 원리는 부분적인 근육에만 적용되는 것이 아니라 다양한 형태의 장치에 적절하게 적용되면서 육상의 세부종목의 특수성을 고려한 전신강화기능을 이루도록 적용될 수 있다. 특

히 육상선수들은 러닝과정에서 적용될 수 있는 스피드 슈트(speed chute)를 고안해서 트랙에서 훈련할 때 이용한다. 낙하산을 등에 메고 달릴 경우 공기저항이 작용하여 러닝속도가 빨라질수록 저항이 더욱 증가하도록 하여 등속성 훈련과 같이 높은 저항이 주어지도록 한다.

육상선수들은 경기와 훈련과정에서 발목, 무릎, 허리 등에서 흔히 상해가 발생하며 경기력 향상의 중요한 제한요인으로 작용한다. 상해를 입은 후 신속한 복귀를 위한 재활훈련은 필수적이며, 일반인의 치료와는 다르게 더욱 세밀한 접근이 요구된다. 첨단과학은 효율적인 재활훈련에서도 중요한 역할을 담당한다. 상해를 치료할 때 오랜 침상생활이나 관절 및 근육의 치료를 위한 석고고정상태가 장기간 지속될 경우에는 근육이 위축되며 기능도 현저하게 저하된다. 어느 정도의 움직임이 가능해지면 등속성 훈련기구를 이용할 수 있으며, 석고고정상태 혹은 전체적인 움직임이 어려운 상태에서 근육의 부분적인 위축현상과 근력저하를 방지하기 위해서 전기 자극법을 이용할 수 있다. 전기파장이나 자극시간의 적절한 조절을 통해서 부분적인 근육위축을 방지하고 현장 복귀를 앞당길 수 있다. 스위스의 신발연구가인 칼 뮐러는 아프리카 마사이족이 맨발로 수십 ㎞를 걸어도 거뜬한 것이 특유의 걸음걸이 때문으로 간주하고 이것을 효과적인 재활 원리에 적용하였다. 일반적으로 걷거나 러닝 시 뜀뛰기와 점핑동작을 반복하여 관절에 무리가 올 수 있으나, 마사이족은 달릴 때 발꿈치부터 내디딘 후 발가락 끝으로 차오를 때까지 마치 바퀴가 구르는 것과 같이 리드미컬한 자세를 나타내기 때문에 관절의 부담을 줄여주며 다리근육의 균형적인 발달을 도와준다. 마사이족의 걷기방식을 만들어주기 위해서 신발바닥을 둥글게 만들고 충격을 완화해주는 특수쿠션을 부착하여 하지 손상 후 실시하는 재활훈련으로 활용할 수 있다. 상해를 방지하는 것도 중요하지만, 신속하게 경기장으로 복귀하기 위한 과학적 재활훈련의 계속적인 개발에도 관심을 가져야 한다.

09
여자 육상선수의 스포츠 브라

여자 육상선수들이 최선을 다하여 달리고 도약하면서 뛰어난 기량을 발휘하는 모습은 아름다운 매력을 발산하여 관중들의 시선을 한 몸에 받게 된다. 여자선수는 남자선수에 비해서 미적인 표현의 강점을 갖고 있기 때문에 유니폼의 선택에서부터 얼굴 화장에 이르기까지 세심하게 정성을 많이 들인다. 안타깝게 이미 고인이 된 여자 100m 세계최고기록 보유자 그리피스 조이너는 손톱을 기르고 화려한 귀걸이로 예쁘게 멋을 낸 대표적인 선수로 알려져 있다. 그러나 여자선수들은 러닝과 도약 시 과도한 신체적 움직임 과정에서 신체적 특성에 의해서 어려움을 겪는 경우가 많다. 그 대표적인 예로 유방의 흔들림 때문에 통증이 발생하거나 어려움을 경험하게 된다. 테니스, 체조, 피겨스케이팅과 같이 신체적 접촉이 없으면서도 과격한 동작을 수행하는 선수들은 유방이 심하게 흔들리게 되면서 상해를 입을 수도 있으며, 상대선수와 신체적 접촉이 일어나는 종목은 더욱 위험할 수도 있다. 여자육상선수들의 운동 시 유방 흔들림에 관한 대표적인 연구팀인 영국의 포츠머스대학은 '유방 생체역학(Breast Biomechanics)'과 관련하여 2007년 '튀어 오르는 유방(Bouncing Breasts): 과학 연구의 확실한 영역'이라는 보고서를 비롯하여 여러 차례의 실험 결과를 발표하였다. 유방의 움직임이 육상선수에게 어떤 영향을 미치는가를 알아보기 위해 반사하는 표지를 가슴에 부착시킨 다음 브래지어를 착용한 상태와 브래지어를 착용하지 않은 상태에서 각각 러닝을 실시하였다. 러닝 도중에 유방이 움직이는 궤적을 적외선 카메라를 사용해서 분석하였다. 또한 여자 장대높이뛰기 1인자인 엘레나 이신바예바(러시아)가 도약할 때 유방의 움직임을 분석하여 보고하였다.

'인간공학(Ergonomics)' 연구지 2009년 4월호에 실린 포츠머스대학 분석 결과에 따르면 유방의 흔들림이 여성의 달리기에 상당한 영향을 미치며 노 브래지어일 때 달리는 보폭이 좁아지면서 비효율적인 러닝자세를 나타냈다. 육상선수들은 보통 사람들이 운동하는 경우보다 유방의 이동성을 더욱 크게 나타내기 때문에 이를 제어하기 위해서 더욱 관심을 기울여야 한다. 여자육상선수들이 러닝을 할 때 유방은 단순히 상하로만 흔들리는 것이 아니라 숫자 8의 모습을 유지하면서 옆으로도 움직이기 때문에 더욱 복잡한 움직임을 잘 통제할 수 있는 특수한 스포츠 브라의 디자인이 요구된다. 스포츠 브라는 캡슐형과 압축형의 두 가지 유형이 있는데, 캡슐형 브라는 유방 두 개가 각각 하나씩 독립된 컵으로 보호되는 반면 압축형 브라는 유방에 압력을 가하여 가슴에 밀착시키는 데 초점을 맞춘다. 캡슐형 브라는 특별히 큰 유방이 상하로 흔들리지 않도록 하는 데는 적합하지만 안락감은 현저하게 떨어진다. 그러나 압축형 브라는 운동할 때 유방의 안락감이 양호하게 느껴지도록 해 준다. 유방의 안락감은 여자선수의 경기력 발휘와 불가분의 관련성을 가지기 때문에 스포츠 브라에서 가장 중요하게 강조된다. 호주의 울롱공(Wollongong)대학 연구팀은 가장 효율적인 스포츠 브라의 형태로서 캡슐형과 압축형을 효과적으로 결합한 실험용 브라를 개발하였으나 아직 상품화되지는 못했다. 여자 육상선수에게 가장 적절한 스포츠 브라는 유방의 움직임이 적고 가장 편안한 안락감이 느껴지는 것이다.

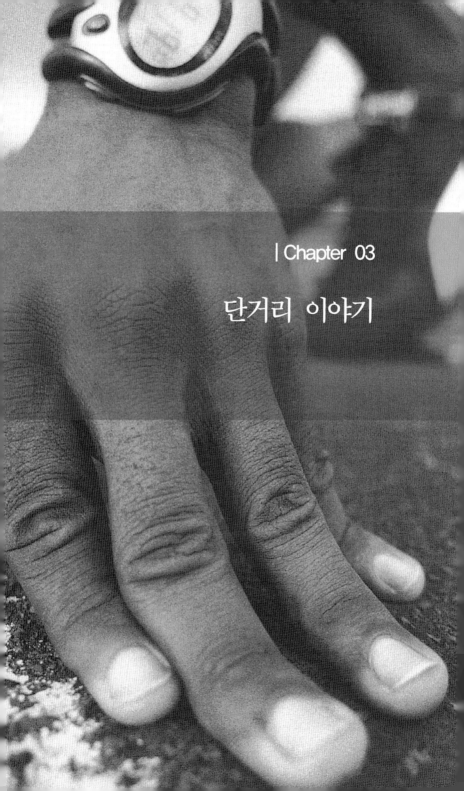

| Chapter 03

단거리 이야기

01
단거리의 출발

    육상 단거리에서 출발은 기록에 중요한 영향을 미친다. 기록 향상을 위한 스프린터의 노력은 보다 빠른 출발을 위한 크라우칭 스타트와 스타팅 블록의 탄생으로 이어졌다. 크라우칭 스타트는 온몸을 잔뜩 움츠린 채 스타트 총성을 기다리고 있는 모습으로서 일명 캥거루 스타트라고도 하며, 1887년 미국의 머피가 처음 개발하여 1888년 미국 예일대학의 셰릴에 의해서 공식경기에 처음 적용되었다. 1896년 제1회 아테네올림픽 때 대부분 선수들이 스탠딩스타트를 하여 12초대를 기록하였으나 미국의 버그 선수만이 이 방법을 사용하여 11초8로 우승하였다.

    고대올림픽의 단거리 출발은 지지대를 만들기 위해서 홈이 파여진 출발용 돌을 나란히 놓아서 이용하다가 아예 지면에 웅덩이가 패도록 하여 발을 받쳐 출발하던 방법이 이용되었다. 1900년대 이후에 지면에 만들어진 발판용 구멍 대신 스타팅 블록이 고안되었다. 스타팅 블록이 처음 공식대회에 등장한 것은

1920년대 말. 미국 남가주대학(USC)의 육상코치 딘 크롬웰이 처음 고안하여 나무로 만들었으며, 미국 오하이오 주립대의 육상선수 조지 심슨이 1929년 6월 8일 스타팅 블록을 사용해 100야드 9초4로 세계신기록을 세웠다. 올림픽에서는 1948년 제14회 런던대회에서 스타팅 블록이 최초로 공식 사용됐다. 스타팅 블록을 박차고 움츠렸던 몸을 펴 나가면서 작용과 반작용 법칙에 의한 힘을 극대화해 질주를 시작하도록 도와준다. 선 자세에서는 아무리 발을 세게 뒤로 밀어도 밀어내는 힘의 일부가 연직 방향으로 향하면서 효율성이 낮아진다. 스타팅 블록과 크라우칭 스타트는 절묘하게 조화를 이루면서 폭발적인 스타트를 이끌어낸다.

빠른 출발을 위해서는 출발신호에 대한 반응시간을 줄이기 위한 훈련도 중요하다. 미국의 팀 몽고메리가 2002년 9월 파리 그랑프리파이널대회 결승에서 9초78로 당시 세계신기록을 수립할 때 0.104초로 역대 가장 빠른 출발반응시간을 기록하였다. 우사인 볼트는 2008 베이징올림픽 100m에서 출발반응속도 0.165초를 기록하며 9초69의 세계신기록으로 우승했다. 2009년 베를린세계선수권에서는 출발반응속도 0.146초를 기록하며 1년 전보다 0.019초 빠르게 출발하면서 9초58의 새로운 세계신기록을 작성했다. 출발반응시간은 출발신호총과의 거리에 따라서 차이를 나타낼 수 있기 때문에 모든 국제경기에서는 출발신호가 선수 바로 뒤에 있는 스피커에서 나오도록 하여 동시에 총성을 들을 수 있게 한다. 그러나 올림픽에서는 전통적인 출발신호 총을 함께 사용함으로써 총성이 강하게 들릴수록 반응속도가 더 빨라지기 때문에 총성에 가까운 쪽의 레인선수가 유리하다는 주장도 제기되고 있다. 국제육상경기연맹(IAAF)은 출발 총성이 울리고 난 뒤 0.1초 이내에 스타팅 블록에서 발을 떼는 것은 부정출발로 간주한다. 인간의 반응시간이 아무리 빨라도 0.1초보다는 더 빠르지 못한다는 것을 감안한 것이다. 그러나 이 규정도 바뀌어야 할지 모른다. 최근 영국의 로프보로대학 연구팀은 소리자극의 반응시간은 0.085초까지 가능한 것으로 보고한 바 있기 때문이다.

02
100m 기록의 변화

　육상의 꽃인 100m 달리기 기록의 한계가 어디일까 하는 것은 스포츠과학자들의 주된 관심이다. 동물 중에서 가장 빠른 치타는 최고시속 100km로서 100m를 3초60에 주파하는데, 인간은 과연 얼마나 빨리 달릴 수 있을까? 수년 전 일본 스포츠과학연구팀은 역대 우수선수의 장점만으로 시뮬레이션한 결과 인간한계를 9초50으로 주장하였다. 1896년 제1회 아테네올림픽의 우승기록은 11초8이 기록된 바 있으며, 100m의 최초 공식세계기록은 1912년 7월 6일 미국 도널드 리핀코트의 10초6이다. 2009년 세계기록인 9초58에 이르기까지 113년 동안 2초22를 단축하여 10년마다 평균 0.22초씩 단축한 것으로 나타났다. 1936년 베를린올림픽에서 미국 제시 오언스가 10초2를 기록한 후 1950년대까지 9초대는 마의 벽으로 생각했다. 그러나 자그마치 24년 후 독일의 아르민 해리가 1960년 10초0을 기록하여 9초대 진입을 바라볼 수 있게 되었다. 미국의 짐 하인스가 1968년 고지의 멕시

코올림픽에서 공기저항 감소의 영향이 의심되는 가운데 9초95로 9초대 진입에 성공하였다. 미국의 캘빈 스미스가 0.02초 앞당기는 데 다시 15년이 걸린 후, 1991년 미국의 칼 루이스가 처음으로 9초9의 벽을 넘어 9초86을 기록하였다. 모리스 그린이 1999년 9초79를 기록하면서 9초8의 벽이 허물어지더니, 우사인 볼트가 2008 베이징올림픽에서 9초69를 기록하고 2009 베를린 대회에서 9초58을 기록하여 곧바로 9초5대로 진입하였다. 우사인 볼트의 기록추세는 가히 괴물이다. 2007년 7월 자신의 기록 10초03에서 9초9와 9초8을 바로 뛰어넘어 2008년 5월 9초72로 불과 2년 만에 0.45초를 단축하였다. 1990년대에 0.01초를 단축하는 데 평균 3년이 걸린 것에 비하면 파격적이다. 스프린터의 기록향상은 라이벌이 존재하는 상황에서 이루어지는데, 혼자서 엄청나게 기록을 단축시키며 인간한계를 무색케 하였다.

기록단축과정에서 우여곡절도 많았는데, 서울올림픽에서 캐나다 벤 존슨이 기록한 9초83과 1996년 바벨도이즈의 오바델 톰슨이 기록한 9초69는 각각 금지약물복용과 풍속 때문에 비공인 기록이 되었다. 100m기록에는 최고속도의 발휘능력과 이를 골인시까지 유지하는 능력이 절대적으로 중요하다. 과학적 훈련방법과 신소재의 개발로 기록단축은 계속되고 있다. 2008년 12월 미국 스탠포드대학의 마크 데니 교수는 9초48로 인간한계를 예측한 바 있으며, 10m씩의 구간속도별 최고기록을 합산한 결과 9초34까지 가능한 것으로 보고하였다. 우사인 볼트의 출현 후 이제 100m 기록한계는 9초40의 벽도 깨질 수 있을 것으로 예측된다.

03
100m는 단숨에 달린다?

100m 달리기의 세계적인 선수는 스타팅블록에서 출발하기 전 차렷구령이 주어지면 크게 한번 숨을 들이마시고 출발해서 세 차례 크게 숨을 내쉰 후 결승점까지 거의 호흡을 하지 않으면서 달린다. 조깅은 천천히 산소를 충분히 마시면서 오랫동안 달리기를 계속할 수 있지만 100m 달리기 중에는 산소를 전혀 마시지 않고 체내에 이미 만들어 놓은 에너지를 이용하여 출발 후 약 3~4초가 경과하면 거의 최고속도에 이르면서 폭발적으로 단시간에 달린다. 즉 근육 내에 저장된 ATP와 PC를 이용하는 무산소성 에너지 시스템에 전적으로 의존한다. 100m를 달리는 동안 공기를 마시게 되면 에너지를 폭발적으로 발휘하는 것이 방해되는 데 반해서 세 차례 정도 숨을 내쉬는 것은 근육경직을 방지하고 내딛는 발과 리듬을 맞추는 데 이용된다.

100m 달리기의 세계정상급 남자선수들은 45보 내외를 내딛으면서 초당 약 4.4보의 피치와 220cm 이상의 스트라이드(보폭)

로 주파한다. 여자정상급선수들은 평균 50보정도로서 피치는 초당 4.5보, 평균 스트라이드는 약 199cm 내외이다. 단거리선수의 주법은 보폭을 크게 하면서 한걸음을 내딛는 주기인 피치를 적게 하는 스트라이드주법과 보폭을 짧게 하면서 많은 피치 수에 의존하는 주법의 크게 두 가지 유형으로 구분된다. 자신의 체격 및 기술적 여건을 고려하여 유리한 주법에 숙달되도록 훈련한다. 서울올림픽 약물파동의 주인공인 캐나다의 벤 존슨 선수는 피치주법, LA올림픽 4관왕인 미국의 칼 루이스는 229cm의 스트라이드를 바탕으로 43보에 100m를 주파하는 스트라이드주법의 대표적인 선수에 각각 해당한다. 고인이면서 현재 100m 여자세계기록 보유자인 미국의 그리피스 조이너도 스트라이드주법에 해당하는데, 47보로 주파하면서 남자선수와 비슷한 210cm의 스트라이드를 나타냈다.

피치주법은 초반속도를 높이는 데 유리하지만, 스트라이드주법은 후반 가속에 비교적 유리하다. 스트라이드와 피치는 서로 상대적이기 때문에 동시에 향상시키는 것은 결코 쉬운 일이 아니다. 우사인 볼트가 9초58의 세계신기록을 수립할 때 41보만으로 주파하면서 스트라이드는 무려 244cm를 나타냈는데 후반에 피치 수와 스트라이드가 더욱 증가하였다. 당시 2위 미국의 타이슨 게이는 45보에 주파하였는데, 두 선수 모두 60~80m 구간에서 최고 속도를 나타내면서 후반 가속력이 우수한 것으로 나타났다. 특히 우사인 볼트는 출발 순간의 반응속도를 제외하고 20m로 나눈 모든 구간에서 2, 3위를 차지한 타이슨 게이와 아사파 포웰보다

빠른 속도를 유지하였다. 100m 달리기는 최고속도를 계속해서 유지해야 하는 것이 중요하다는 것을 의미한다. 속도유지의 관건이 되는 피치 수와 스트라이드를 유지하기 위해서는 근력, 파워는 물론 관절의 유연성을 향상시키기 위한 노력이 요구된다.

100m 경기는 짧은 거리에서 10초 이내에 승부가 결정되지만, 그 짧은 사이에도 많은 변화가 존재한다. 스타트동작에서부터 많은 차이를 나타낸다. 크라우칭스타트 시 피스톨이 울리면, 블록의 발을 밀면서 먼저 손을 떼게 되는데, 앞발 쪽의 손이 가장 먼저 떨어진 후 반대쪽 손, 뒷발 및 앞발의 순으로 지면과 블록을 떠나게 된다. 피스톨이 울린 후 블록을 밀기까지의 반응시간은 세계적 선수들은 0.12~0.16초의 범위를 나타낸다. 서울올림픽 100m 결승경기에서 남녀선수의 반응시간을 살펴보면, 남자는 벤 존슨이 0.132초로 가장 빠르고 4위를 차지한 미첼이 0.186초로 가장 느렸는데, 당시 1위의 칼 루이스는 0.136초로서 약물파동으로 1위가 박탈된 벤 존슨에 이어 두 번째 빠른 반응시간을 나타냈다. 여자의 경우는 1위를 차지한 조이너 선수가 0.131초로 역시 가장 빠른 반응시간을 나타냈다.

50m 이후의 속도 감소율이 경기결과에 중요한 영향을 미치게 되는데, 질주능력이 떨어지는 선수일수록 속도 감소력이 크게 나타난다. 세계적인 선수들도 후반 70~100m 구간에서 최고속도 기준 약 5%의 감소율을 나타낸다. 벤 존슨이 5.0%, 칼 루이스는 4.2%를 나타냈다. 상대적으로 벤 존슨은 초반에 강하며, 칼 루이스는 후반에 강함을 의미한다. 후반부 속도의 감소 시에는 발을

차는 횟수(피치 수)가 감소하게 되는데, 이와 같은 현상은 근육 및 중추신경계의 피로현상과 근육 내의 생화학적 변화에 기인한다. 후반 피치 수의 감소경향이 클수록 기록이 낮은 수준을 나타낸다. 세계적 스프린터들의 100m 경기 시 평균 피치 수는 45.8회(초당 4.5회)이며, 스트라이드(보폭)는 평균 220cm를 나타내고 있다. 피치 수가 높은 선수는 스트라이드가 짧게 되며, 스트라이드가 긴 선수는 피치 수가 적게 나타내는 것이 일반적이다. 미첼 선수는 초당 4.55회의 피치 수와 210cm의 스트라이드를 나타내는 데 반해서, 칼 루이스는 9초92의 기록을 나타낼 때 초당 4.40회의 피치 수로 229cm의 스트라이드를 나타내면서 100m를 43.6보로 돌파한 것이다. 여자선수들의 경우 그리피스 조이너는 스트라이드가 210cm에 이르며 피치 수는 초당 4.52회로서 100m를 47.6회의 피치수로 돌파한다. 여자선수 중 피치수를 높게 하는 주법의 대표적인 선수는 애쉬포드로서 초당 4.69회인데, 스트라이드는 197cm에 그친다. 여자선수 중 스트라이드가 큰 선수는 트렉슐라를 들 수 있는데, 216cm의 스트라이드를 유지하지만 피치 수는 초당 4.28회에 불과하다. 우수한 경기력을 발휘하기 위해서는 피치 수를 떨어뜨리지 않으면서 스트라이드를 크게 하는 것이 중요한데, 이를 위해서는 근력, 파워, 관절의 유연성 등을 향상시키기 위한 노력이 요구된다. 특히 스트라이드의 유지에는 팔의 흔들기 동작이 중요한 영향을 미치는 것으로 알려져 있는데, 팔의 근육기능 향상과 더불어 팔·다리 동작의 적절한 협응 동작을 유지하는 것이 기록향상에 크게 공헌한다.

04
트랙에서 가장 빠른 기록은?

　현재 세계에서 가장 빠른 육상선수는 당연히 자메이카의 우사인 볼트이다. 우사인 볼트는 2008년 베이징올림픽과 2009년 베를린세계육상선수권대회에서 100m, 200m와 400m계주에서 모두 우승하여 올림픽과 선수권대회 모두에서 단거리 3관왕을 차지한 유일한 스프린터로서 3종목 모두에서 세계최고기록을 보유하고 있다. 육상경기의 속도경쟁은 흔히 100m를 중심으로 비교되며 100m 기록이 가장 빠른 것으로 알고 있다.

　그러나 우사인 볼트가 가진 단거리 3종목의 세계최고기록을 비교해보면 가장 빠른 평균속력을 발휘한 종목은 초속 10.44m의 100m가 아닌 초속 10.78m의 400m계주로서 100m당 평균기록으로 환산하면 9초28에 해당한다. 계주선수는 20m 길이구간(테이크 오버 존)에서 배턴을 다음 선수에게 넘겨줄 때 빠른 가속이 유지되며 팔을 길게 뻗쳐서 배턴을 주고받기 때문에 실제 달리는 거리가 줄어들게 된다. 팀 경주의 특성상 선수들의 심리적 흥분도도 더욱 높아지는 효과를 가진다. 4명의 주자는 제각기 특성을 가진 선수들로서 효율적인 팀 구성에 의한 기록상승효과를 가져오게 되면서 각각의 100m를 더욱 빠르게 달린 것으로 나타난다. 1번 주자는 빠른 반응속도에 의한 스타트가 우수한 선수, 2번 주자는 140m 정도의 가속력이 우수한 선수, 3번 주자는 가속력과 곡선주로에 능한 200m에 강한 선수, 마지막 주자는 초반 가속력이 강한 선수가 구성된다.

일반적으로 100m와 200m 기록을 기준으로 초당 최고속력을 비교하면 흔히 200m가 더욱 빠르게 나타난다. 속력이 제로인 스타트에서 최고속력에 도달하는데 약 3초 이상의 경과시간이 요구되는데, 한차례의 스타트 과정이 생략되기 때문에 100m기록을 한차례 더하는 것보다 더욱 빨라진다. 가속력이 주어진 상태에서 달리는 거리가 더 길고 곡선주로에서 직선주로로 들어설 때 방해가 되던 원심력이 순간적으로 사라지면서 더욱 강한 추진력이 주어질 수 있다. 100m는 근육의 수축이완 속도가 과도하게 빨리 진행되면서 최고파워를 발휘하는 능력이 200m보다 상대적으로 비효율적으로 나타날 수 있다. 실제 대부분의 세계적인 스프린터들은 200m 평균속력이 100m보다 빠르게 나타난다.

우사인 볼트 선수도 2008년 베이징올림픽에서는 100m의 평균속력이 초속 10.32m였으며, 200m의 평균속력은 10.36m로서 더욱 빠르게 나타났다. 볼트 선수는 베이징올림픽의 400m 계주에서 세계신기록을 수립할 당시 3번 주자로 활약하여 역시

200m에 강한 선수로 간주되었다. 그러나 2009년 베를린세계선수권대회에서 세계최고기록을 수립할 당시에는 다른 양상을 나타냄으로써 새로운 관심을 이끌어내고 있다. 우사인 볼트는 200m에서는 초당 10.42m의 속력을 나타냈으나 100m에서는 초당 10.44m로서 더욱 빠른 속력을 나타냈다. 우사인 볼트 선수는 베이징올림픽 이후 1년 동안 계속해서 훈련하고 진화하여 200m의 가속력을 능가하는 엄청난 파워를 100m에서 폭발시키도록 재무장했던 것이다. 100m와 200m에서 모두 우승한 선수들이 많이 있다. 그래서 거의 동일시되는 경향이 있는데, 세부적으로 살펴보면 차이가 있다. 원심력의 극복과 가속력의 발휘 관점에서는 물론이며, 주에너지시스템에서도 미세한 차이가 있다. 과거 제대로 대결이 이루어지지 않았으나 당시 100m의 일인자 도노반 베일리와 200m의 황제 마이클 존슨이 150m의 대결을 추진했던 것은 주에너지시스템의 미세한 차이를 고려한 대결로서 생리학적 관점에서도 흥미로운 사건이었다.

05
허들경기는 기술의 경쟁이다

　허들경기는 19세기 영국 크로스컨트리 장애물경기에서 처음 시작되었으며, 1884년 옥스퍼드대학과 캠브리지대학 대항전의 120야드 허들레이스가 첫 공식경기로 기록되었다. 목장의 양치기가 목책을 뛰어 넘어 다니던 것에서 착안해서 전통적인 울타리 높이 106.7cm가 허들높이로 규정되었다. 목책과 같은 말뚝에서부터 시작되어 로프, 횡목의 변화를 거쳐서 개인용 허들이 만들어졌으며 역T형을 거친 후 지금의 L자형이 되면서 더욱 효율적으로 허들링이 이루어지게 되었다. 제1회 대회 때부터 올림픽 정식종목이며, 제2회 파리대회 때는 말뚝 구하기가 어려워 부러진 전신주가 허들로 이용되었다. 남자의 110m 허들, 여자의 100m 허들, 남녀 400m 허들 등 4개의 세부종목이 실시되는데 허들 수는 모두 10개로서 동일하다. 손으로 허들을 넘어뜨리면 실격이지만 넘는 과정에서 발로 넘어뜨리는 것은 허들에 발이 부딪치는 만큼 기록의 손해를 보기 때문에 허용된다.

　허들경기는 단거리선수와 맞먹는 스피드와 함께 부드럽게 허들을 뛰어넘는 허들링 기술이 강조된다. 허들선수들은 대부분 4번째 허들에서 최고속도를 발휘하는데 골인할 때까지 최대한 최고속도를 유지하는 능력이 요구된다. 하나의 허들을 넘은 후 다음 허들을 넘기 위해서 도약할 때까지 소요되는 착지시간을 줄여야 하는데, 착지시간을 줄이는 데 스피드는 중요한 영향을 미친다. 마치 허들을 타고 물 위를 흐르는 듯한 부드러운 기술이 요구된다. 허들 사이의 9.14m 간격을 일정한 보폭으로 뛰어야 하며, 너무 낮지도 높지도 않게 허들을 스치듯 타고 넘는 기술이 요구된다. 도약 시부터 상체를 앞으로 숙이고 허들을 넘는 순간에도 상체를 계속해서 앞으로 숙이도록 해서 바람의 저항을 최대한 줄여야 한다. 중국의 류시앙이 2004 아테네올림픽과 2007 오사카세계선수권대회에서 우승할 당시 허들을 넘는 정점에서 앞으로 46도를 굽히는 데 반해서 우리나라의 유망주 이정준은 40도에 그치는 것으로 나타났다. 허들로부터 가급적 높이 오르지 않고 넘은 후 착지 시에도 상체가 앞으로 숙여질 수 있도록 해야 한다. 정상급선수들은 허들 하나를 넘는 시간이 평균 0.36초인 데 반해서 우리 선수들은 0.38~0.41초가 소요된다. 특히 류시앙은 허들 사이 구간에서 허들로부터 약 1.6m 떨어진 지점에 착지하여 다음 허들을 약 2.4m 앞둔 지점에서 도약하여 착지와 도약을 4대6으로 수행하는 것으로 나타남으로써 기존선수들이 착지와 도약을 5대5로 하는 것과 다른 기술을 발휘하였다.

트랙 단거리의 가능성을 제시한 류시앙이 세계를 제패하며 서구선수들에 앞선 것은 기본적인 스피드를 갖춘 상태에서 과학적인 분석과 치밀한 훈련을 통한 기술향상이 바탕을 이루었다. 체격조건에서 뒤지지 않는 우리 선수들이 허들경기를 기대 종목으로 제시하는 것은 기술향상능력이 결코 뒤지지 않기 때문이다.

06
총알 같은 인간들의 우열을 가리는 방법

육상경기는 순간순간에 경기의 승패가 좌우된다. 1993년 슈투트가르트 세계육상선수권대회 여자 100m 결선에서는 미국의 게일디버스가 1,000분의 1초 차이로 자메이카의 멀린 오티를 앞서서 1위가 결정되었다. 또한 2009 베를린 세계육상선수권대회 남자 110m 허들에서는 바벨이도스의 라이언 브레스웨이트가 2명의 미국선수보다 1,000분의 1초 단위에서 앞서서 1위를 차지한바 있다. 육상경기는 기록의 스포츠로서 첨단기록 측정장치가 경기력의 향상을 주도한다. 정말 구분이 어려운 순위판정에는 당연히 첨단과학에 의한 계시장치가 이용된다. 트랙경기의 기록측정과 순위판정에는 사진판정으로 보는 전자자동계시와 수동계시의 기록이 이용된다. 독립적으로 작동되는 두 대의 카메라를 설치하여, 신호총 혹은 공인된 스타트 장치의 섬광 또는 연기가 난 순간부터 선수의 사지를 제외한 동체부분이 피니시 라인의 스타트 라인과 가까운 쪽의 수직면에서 닿은 순간까지의 기록을 측정한다. 두 번째로, 피니시라인에서 5m 이상 떨어진 지점의 경사진 기록석에서 3명의 공식계시원과 보조계시원들이 '수동시계'로 측정한 기록을 이용한다. 보통 전자의 기록을 공식기록으로 사용하지만, 그 기록에 특정한 오류가 있을 경우 후자의 기록을 사용한다.

제5회 스톡홀름올림픽에서 전기시계와 사진판정이 처음 도입되었고, 1932년 제10회 로스앤젤레스올림픽에서 전기스톱워치 및 사진판정에 의한 기록이 공식기록으로 이용되었다. 20세기 초 3개의 다이얼이 달린 도시락통 시계, 1964년 도쿄올림픽의 전자시계, 1980년대의 슬릿비디오시스템 등의 과정을 거쳐 최근에는 1만분의 1초까지 판독하는 정확한, 카메라의 포토 피니시가 사용되고 있다. 포토 피니시란 선수의 동작을 1초에 1,000장씩 빠른 속도로 촬영한 후 사진에 수직의 가로줄과 세로줄을 그어 그 사진으로 주자들 사이의 시간차를 측정하는 장비이다. 올림픽을 거듭할수록 새로운 기술이 더해져 기록이 정확해졌는데, 현재기술은 1만의 1초까지 연속사진 촬영이 가능하다. 1948년 런던올림픽 남자 100m에서는 사진판정에 의해서 우승자가 바뀌었다. 우리나라에서는 2006년 국내 남고 100m에서 2명의 우승자가 10초 855로 1,000분의 1초까지 동일한 기록을 수립한 적이 있으며, 2007년 안동에서 개최된 국내 남자대학부 육상 100m경기에서 전자총 측정시스템의 오류로 한국신기록이 바뀔 뻔한 적이 있었다. 이러한 사건들을 보면서 나날이 발전하는 첨단기록 측정장치의 중요성을 느낄 수 있다.

07
400m는 근육이 가장 고통스럽다

트랙을 한 바퀴 돌면서 직선주로와 곡선주로를 각각 두 차례 경험하는 400m 경기는 단거리종목 중 가장 긴 거리를 달린다. 400m 경기는 제1회 아테네올림픽 때 트랙에서 실시된 5종목 중의 하나로 오랜 역사를 가진 종목이다. 지금은 트랙을 1바퀴 돌지만 제1회 아테네올림픽 때는 트랙 한 바퀴가 333m로서 직선주로가 길고 곡선주로가 아주 짧은 급한 굴곡을 가졌기 때문에 더욱 힘들었다. 제4회 런던올림픽 때는 트랙 한 바퀴가 536.45m로서 더 길어졌고 1912년 스톡홀름올림픽 때는 380.33m로 다시 짧아지기도 하였으나 1928년 암스테르담올림픽 때부터 400m로 표준화되었다.

단거리는 레이스 중에 들이 마신 산소가 실제 에너지를 생성하는 데 전혀 이용되지 못하는 무산소에너지로 달린다. 체내에 이미 저장되어 있던 아데노신 3인산(ATP)과 인산크레아틴(PC)의 에너지를 폭발적으로 소비하면서 달리게 된다. 100m는 대부분

이미 저장된 에너지로 레이스를 마칠 수 있으며, 200m의 경우에도 소비하는 에너지의 상당부분은 저장된 에너지를 이용하며 레이스 후반에 가서 추가에너지를 분해하는 시도를 하게 된다. 단거리를 최고속도로 계속해서 달리게 되면 저장된 에너지가 완전히 고갈되기도 전에 산소의 이용 없이 추가로 에너지를 만들려고 시도하기 때문에 젖산이라는 피로물질이 안정 시보다 훨씬 많이 축적되기 시작한다. 따라서 400m경기는 무산소 상태에서 에너지를 만드는 능력의 한계에 이르게 되면서 체내에 저장된 에너지도 거의 고갈되고 새로운 피로물질도 많은 양이 축적되어 근육이 극도의 고통에 빠져들게 된다. 같은 단거리이지만 100m, 200m, 400m는 주에너지가 차지하는 비중이 세부적으로는 조금씩 다르다는 것을 알 수 있다.

다소 차별화된 능력이 요구되는 탓인지 지금까지 올림픽과 세계선수권대회에서 단거리의 3종목을 모두 혼자서 우승한 선수는 없다. 100m와 200m는 체내에 저장된 에너지가 거의 동일하게 주에너지로 이용되기 때문에 우사인 볼트, 칼 루이스, 제시 오언스와 같이 모두 우승한 선수들이 많이 있다. 그러나 200m와 400m를 동시에 우승한 남자선수는 1999년 세비아에서 43초 18의 세계최고기록을 수립한 바 있는 1996년 애틀랜타올림픽 우승자 마이클 존슨(Michael Johnson)이 유일하다. 400m의 차별화된 특성을 엿볼 수 있는 부분이다. 남자 400m는 미국이 최근 30여 년 동안 올림픽을 석권해 왔으며, 세계선수권대회는 2001년 에드먼턴대회를 제외하고 모두 미국이 우승하였다. 여자 400m

는 1964년 도쿄올림픽에서 정식종목으로 채택되었는데, 1984년 LA올림픽에서 미국의 발레리 브리스코-훅스(Valrerie Brisco-Hooks), 1996년 애틀랜타올림픽에서 프랑스의 마리조스 페렉(Marie-Jose Ferec)의 2명이 200m와 400m를 모두 우승하였다. 여자 400m 세계최고기록은 1985년 당시 동독의 마리타 코흐가 수립한 47초 60으로서 오랫동안 깨지지 않고 있다. 국내 남자기록도 1994년 손주일이 수립한 45초37로 오랫동안 깨지지 않는 기록 중의 하나이다. 2011 대구대회에서 남녀 400m 모두 미국의 아성이 계속될 수 있을까? 유망주 박봉고를 중심으로 우리 선수들이 얼마나 좋은 기록을 새롭게 만들어낼 수 있을까?

| Chapter 04

도약 이야기

01
높이뛰기의 배면뛰기는 역발상의 충격이었다

높이뛰기는 19세기 후반에 시작된 경기로서 영국의 옥스퍼드 대학과 캠브리지대학 대항전의 165cm가 첫 공식기록으로 남아 있다. 높이뛰기 기록은 동작의 다양한 변화과정을 통해서 함께 변화되어 왔다. 멀리뛰기와 유사한 동작에 의해서 가로대를 뛰어넘는 자세에서 시작되어 양쪽 다리 사이에 바를 끼운 듯한 가위뛰기, 가위뛰기의 변형인 이스턴 컷 오프 등을 거친 후 비스듬하게 도움닫기 하여 바 위에서 몸을 옆으로 굴리는 롤오버와 복부부터 바를 넘는 벨리 롤오버 등으로 변화하였다(Tucked jump → Scissor style → Eastern Cut-off → Western Roll Over → Straddle Style(Belly roll) → Fosbury Flop). 1912년 미국의 호라인이 롤오버방법으로 처음으로 2m를 돌파하였다. 1933년 한 발로만 도약하는 것으로 규칙이 정해진 후 1941년 스티어즈가 다리벌려뛰기 방법으로 2m11cm의 신기록을 수립하였다.

1968년 10월 20일 멕시코올림픽에서 아무도 예상치 못한 이상한 기술이 8만 관중을 경악시켰다. 미국의 딕 포스베리가 이전까지의 주된 자세였던 얼굴은 땅을 향하고 다리를 솟구치는 자세와는 정반대인 배를 하늘로 향하게 하는 배면뛰기로서 2m24cm의 올림픽신기록을 수립하였다. 체조나 다이빙에서 뒤돌아서서 공중 회전하는 묘기에서 착안하여 몸을 거의 드러누운 자세로 바를 넘는 '포스베리 도약(Fosbury flip)'은 아무도 예상치 못한 역발상의 비밀병기로서 높이뛰기의 신기원을 이루었다. 그러나 모든 선수들이 이 방법을 바로 이어 모방하지는 않았다. 1978년 구소련 야시첸코가 다리벌려뛰기로서 2m34cm의 세계신기록을 수립하자 다소의 논란이 계속되었으나 1985년 역시 구소련의 포바루친이 다시 배면뛰기로 2m40cm의 신기록을 수립한 후부터는 모든 선수들이 배면뛰기만을 시도하게 되었다.

배면뛰기 자세는 등, 허리 및 다리를 뒤로 젖히면서 만들어진 역 U자의 빈 공간에 무게중심이 생기게 되어 실제 신체는 이보다 10cm 이상 높은 곳에서 바를 넘는 것이다. 무게중심을 낮게 유지하면서도 높은 바를 넘을 수 있다는 것은 수평속도를 수직속도로 전환시키는 과정에서 무게중심을 높이기 위한 속도 손실을 최소화할 수 있게 해 준다. 따라서 스피드를 최대한 이용하면서 부드럽게 바를 넘을 수 있게 된다. 도움닫기 시 곡선을 형성하면서 이루어지는 것도 역시 속도 손실을 최소화하면서 후경자세에 의한 도약준비에 적합하기 때문이다.

높이뛰기선수의 신발도 발바닥의 경사를 좌우로 조절하여 수평방향의 속도를 수직방향으로 쉽게 전환시키도록 만들어져 있다. 도약 시 뒤꿈치가 흔들리지 않도록 뒤꿈치에 스파이크가 붙어 있으며, 도약 시 발에 대한 충격으로부터 보호해주기 위해서 신발바닥은 두껍게 되어 있다. 우수한 기록으로 바를 넘기 위해 요구되는 신체중심을 최대한 높이 끌어 올리는 능력은 신장, 도약력, 도약속도 및 각도 등에 의해서 결정된다. 높이뛰기는 체격, 순간 파워 및 기술의 결합이다.

02
멀리뛰기의 히치 킥

기원전 776년에 시작되어 4년마다 개최된 고대 올림픽대회의 육상경기는 달리기종목만 실시되어 오다가 제18회 때부터 도약, 투원반, 투창, 레슬링 등이 함께 실시되었다. 당시 도약종목은 멀리뛰기, 높이뛰기, 뛰어내리기가 실시되었는데 멀리뛰기가 가장 중요시되었다. 멀리뛰기는 약 12m의 거리를 도움닫기 하여 발구름판에서 두 팔을 뒤로 당기고 도약과 동시에 두 팔을 앞으로 흔들고 착지할 때에는 균형을 잡기 위해서 다시 두 팔을 뒤로 가져가는 동작을 이용하였다. 도약거리는 처음에는 붉은 끈으로 표시하였으며, 그 후 모래판 바깥쪽에 주로와 나란하게 레일을 만들어 측정기에 가는 줄을 쳐서 이 줄과 발자국을 맞추어 계측하였다. 1864년 옥스퍼드대학과 캠브리지대학의 제1회 학교대항전의 5m48cm가 멀리뛰기의 첫 공식기록이며, 올림픽에서는 제1회 대회부터 정식종목으로 시행되어 당시 우승기록은 6m35cm였다.

멀리뛰기의 주된 기술은 도약 후 몸이 최고점에 도달했을 때 양팔을 위로 들어 올려 가슴을 활짝 펴고 활처럼 뒤로 휘게 하는 젖혀 뛰기가 주로 실시되었다. 도약 후 구미호처럼 한 바퀴 공중제비를 돌고 착지하는 곡예방법도 시도되었으나 1974년 국제육상경기연맹은 위험하다는 이유로 금지하였다. 멀리뛰기는 도움닫기, 발 구르기, 공중동작 및 착지의 4단계 동작이 연속적으로 이루어지는데, 공중동작에서 히치 킥(hitch kick)으로 불리는 새로운 기술의 발상이 기록 향상의 계기가 되었다. 도약 후 허공에 놓인 계단을 오르는 것처럼 다리를 휘저으면서 힘차게 공기를 박차고 날아올랐다가 착지하는 기술이다. 빠른 속도의 도움닫기 후 발구름판을 강하게 딛는 순간 다리는 일시적으로 정지하게 되고 관성을 가진 상체는 회전동작에 의해서 앞으로 기울어지게 된다. 이때 히치 킥은 관성에 의해 상체가 앞으로 회전되는 동작을 방지하면서 발구름 순간의 속도를 착지할 때까지 유지시켜주는 데 효과적이다. 약 0.8초의 짧은 체공시간에 3.5 걸음을 공중에서 내딛는 것으로 수행된다. 현재까지 공중에서 4걸음까지 내딛는 선수는 없었다.

LA올림픽 육상 4관왕 미국의 칼 루이스가 히치 킥으로 처음 금메달을 획득한 후 널리 이용되었다. 칼 루이스는 히치 킥을 이용하여 멀리뛰기에서 올림픽 4연패(LA에서 애틀랜타까지)라는 금자탑을 세웠다. 히치 킥은 아무나 할 수 있는 것은 아니며 단거리선수에 버금가는 초속 10m 이상의 도움닫기와 일정 수준 이상의 비행거리 유지가 가능해야 한다. 그래서 칼 루이스나 제시 오언스처럼 100m에 우승한 선수들이 멀리뛰기에서도 우승하는 경우를 볼 수 있다. 멀리뛰기의 최고기록은 스피드와 탄성파워, 20~30도 전후의 도약각도를 절묘하게 유지하는 기술을 바탕으로 한다.

현재 세계기록은 남자는 1991년 미국 마이크 포웰의 8m95cm, 여자는 1988년 구소련 갈리나 키스티야코바의 7m52cm로 비교적 오래된 기록이다. 현재 남녀 한국기록의 김덕현(8m20cm)과 정순옥(6m76cm)은 2011 대구대회의 결선진출이 기대된다.

03
멀리뛰기는 기술과 훈련의 결정체이다

제16회 광저우아시안게임 멀리뛰기에서 우리나라의 김덕현과 정순옥이 남녀 동반우승을 차지하였다. 두 선수의 기록 모두 세계기록에는 크게 못 미치지만 우리 육상수준을 고려할 때 결코 쉽지 않은 결과이다. 여자 육상도약종목의 첫 아시안게임 금메달이기도 하다. 멀리뛰기는 필드종목 중에서 가장 기술을 중요시하는 종목이다. 물론 발구름 시 최대속도를 얻기 위해서 도움닫기를 빠르게 달릴 수 있는 능력이 중요하기 때문에 뛰어난 단거리선수들이 뛰어난 멀리뛰기 선수가 될 수 있었다. 8m 이상을 도약하기 위해서는 100m를 10초5 이내로 달릴 수 있는 속도가 요구된다. 2000년 이후에는 전문화가 대세를 이루면서 2종목을 병행하는 선수들이 거의 나타나지 않고 있다. 마의 9m 벽을 처음 돌파할 수 있는 선수로 우사인 볼트가 지목되는 이유도 여기에 있다. 그렇지만 빨리 달린다고만 해서 멀리 뛸 수 있는 것은 아니다. 도움닫기의 속도가 지나치게 빠르면 발구름판의 반작용이 적어지기 때문에 제대로 도약을 할 수 없게 된다. 달려오는 가속도가 너무 크면 도약각도가 지나치게 작아지면서 위로 치고 오르기보다는 앞으로 그냥 달려가는 형태가 되면서 이상적인 도약 포물선을 그릴 수 없게 된다. 도움닫기에 의한 속도를 이용하여 도약 시 초속도를 최대한 빠르게 유지하기 위해서 많은 우수선수들은 역학적으로 가장 효율적인 이륙각도에 해당하는 45도가 아닌 20~30도 범위를 유지한다. 또한 발구름할 때 무릎을 구부리면서 발뒤꿈치로 강하고 신속하게 밟아야 하는데 가속도가 너무 높으면 자세가 불안정하여 앞으로 넘어질 수도 있다.

멀리뛰기는 도움닫기에 이은 효율적인 발 구르기, 공중동작과 착지 과정에서 정교한 기술이 요구되기 때문에 동양선수들도 충분히 우수한 능력을 발휘할 수 있다. 1931년 일본의 남부 츄헤이는 7m98cm로서 세계기록을 수립한 바 있다. 우리 선수들도 우수한 기술을 발전시킬 수 있기 때문에 아시안게임은 물론 세계대회에서 우수한 성적을 거둘 수 있는 대표적인 유망종목 중의 하나이다. 세계적 스프린터 칼 루이스(Carl Lewis)는 LA올림픽과 서울올림픽의 100m에서 2차례 연속 우승하였으나, 멀리뛰기에서는 2004년 아테네올림픽에 이르기까지 4연패를 이룩함으로써 도움닫기에서 속도뿐만 아니라 도약을 위한 정교한 기술의 중요성을 엿볼 수 있다.

고대 올림픽에서 실시된 멀리뛰기는 양손에 할테레스(Halteres)라고 불리는 2kg 이상의 무게 추를 들고 실시하였다.

뛰기 전에 무게 추를 적절하게 흔들어 원심의 탄력이 발생하도록 한 후 도약하고 착지 시에도 무게 추를 뒤로 내리면서 두 다리에 반발력이 발생토록 하여 앞쪽으로 쉽게 뻗칠 수 있도록 하였다. 세밀한 기술의 활용이 경기력에 중요한 영향을 미치기 때문에 매우 섬세한 종목으로서 선수 개인의 집중력과 리듬감은 물론 기온, 바람, 공기저항 등의 영향을 많이 받는다. 100m와 마찬가지로 초속 2m 이상의 풍속이면 기록이 공인되지 못한다. 대기압이 낮은 고지에서는 공기저항이 적기 때문에 멀리뛰기에 유리하게 작용한다. 해발 2200m 고지에서 개최된 1968년 멕시코 올림픽에서 밥 버몬(Bob Beamon)이 수립한 8m90cm는 무려 23년 동안 깨지지 않았다. 1991년 도쿄세계선수권대회에서 마이크 포웰(Michael Powell)이 칼 루이스와 명승부를 벌이면서 새롭게 수립한 8m95cm는 여전히 깨지지 않고 있다.

04

장대높이뛰기는 장대의 과학이다

장대높이뛰기는 양치기 소년들이 지팡이를 사용하여 방목장의 울타리나 장애물을 뛰어 넘거나 사냥꾼이 수렵에서 개를 쫓아가면서 장애물을 넘은 데서 착안된 종목이며, 1795년 독일체조의 기초를 세운 체육학자 요한 구츠무츠가 봉을 사용해서 1m30cm를 뛰어 넘은 것이 첫 공식기록이지만, 1860년대에 비로소 경기로 도입되었다. 제1회 올림픽대회의 우승기록은 3m30cm, 현재 남자 세계기록은 장대높이뛰기의 전설로 불리는 세르게이 부브카가 1994년 수립한 6m14cm, 여자는 엘레나 이신바예바가 2009년에 수립한 5m6cm이다. 이 경기는 불세출의 달인인 부브카를 통해서 널리 알려졌으며, 과거 세계육상선수권대회 여자부경기에서 미국의 드래길라와 러시아의 페오파노바가 4시간에 걸친 명승부를 펼쳐 관심의 대상이 되기도 했다.

장대높이뛰기 선수는 상·하체의 균형적 발달과 함께 팔다리가 길어야 하며, 스피드, 파워, 유연성 및 협응력이 조화를 이루어야 한다. 장대높이뛰기의 기록변천과정은 인간의 힘뿐만 아니라 장대의 재질, 스펀지 매트의 개발에 의한 클리어런스의 효율향상, 박스 사용에 의한 도움닫기 속도를 도약으로 연결시키는 효율향상 등이 영향을 미쳤다.

역대 육상경기의 기록 중에서 가장 두드러진 변화를 가져온 장대높이뛰기의 기록발전은 장대성능의 변화와 불가분의 관련성을 가진다. 나무로 만들어진 봉이 처음 사용되었으나 쉽게 꺾이지 않으면서 탄력성이 우수한 대나무가 널리 사용되면서 기록향상이 이루어졌다. 즉 장대의 재질변화는 히코리나무 및 물푸레나무에 의한 목재, 일본의 특산품을 중심으로 한 대나무, 금속 및 유리섬유 등으로 크게 4단계로 구분된다. 특히, 1960년대에 등장한 유리섬유 장대는 뛰어난 탄력성에 의한 '마법의 지팡이'라고 불리면서 급진적 기록향상을 이루게 하였다.

대나무가 사용된 후 1912년 4m를 돌파하였고, 1946년 알루미늄, 1960년대부터 유리섬유가 개발되면서 다시 급속한 기록진전을 이루어 5m를 넘기 시작하였다. 탄소코팅 처리한 첨단 특수유리섬유로 만들어져 탄성과 내구력까지 보강된 장대가 등장하면서 1985년 6m를 돌파하기에 이르렀다. 선수의 체력적 특성과 과학발전에 따른 장대의 새로운 소재가 개발되어 성능이 향상되면서 기록이 향상된 것이다. 그러나 현재 6m 이상을 기록한 선수는 15명에 불과하며 여자선수 중 5m 이상을 기록한 선수는 이신바예바가 유일하다.

장대는 재질, 두께, 길이의 규격에 아무런 제한이 없는 것처

림 공인규정이 적용되지 않는데, 일반적으로 길이 4m50cm 이상, 지름 3.5cm 이상의 장대를 사용한다. 심지어 다른 선수의 장대를 빌려서 출전할 수도 있다. 그렇다면 무조건 길고 탄성이 우수한 장대만이 기록향상에 도움이 되는 것은 아니다. 부브카가 사용한 장대의 길이는 6m에 달했지만 다른 선수들이 같은 장대를 사용해도 부브카와 동일한 기록을 낼 수가 없었다. 장대를 든 상태에서 45m의 도약거리를 폭발적인 스피드로 질주한 후 장대를 박스에 꽂는 순간 수평에너지를 전부 장대에 실어 굽히는 능력이 중요하다. 도약준비를 위한 스피드가 중요한 바탕을 이루는데 부브카는 100m의 한국기록보다 빠른 10초1에 주파한 우수한 스프린터였다. 빠른 스피드에 의한 높은 운동에너지가 장대의 탄성에너지로 전환된 후 다시 위치에너지로 변환되면서 우수한 기록이 발휘된다.

또 다른 주요 기록결정요인은 장대를 잡는 높이와 떼는 높이에 달려 있다고 볼 수 있다. 장대를 잡는 높이는 선수의 신장, 장대의 재질, 도움닫기 스피드의 영향을 받게 된다. 특히, 도움닫기 스피드가 빠를수록 장대를 구부리는 에너지가 크고 그 반발력에 의해서 높이 뛰어 오를 수 있게 된다. 유리섬유장대는 장대를 잡는 높이가 4m75cm~5m10cm의 범위로서 다른 재질에 비해서 월등히 높아지게 하였으며, 도움닫기 스피드 및 장대의 최대 굴곡률을 30%까지 향상시켜 기록발전에 결정적인 영향을 미쳤다. 장대높이뛰기 선수는 보다 강한 장대의 사용과 잡는 위치를 높이 유지하기 위해서 큰 신장과 강한 각근력 및 완근력이 요구되며 아울러 우수한 파워에 의한 뛰어난 질주 스피드를 유지할 수 있어야 한다. 즉, 우수한 장대높이뛰기선수들은 대부분 신장이 180㎝ 이상, 100m 달리기가 10초5 전후의 능력을 가지고 있다. 현재의 세계기록 보유자인 부브카는 신장 183㎝, 체중 80kg으로 100m를 10초2에 달리며, 멀리뛰기에서도 8m20을 넘는 훌륭한 스피드와 탄력을 보유하고 있다. 장대높이뛰기는 장대의 재질개발과 선수의 체력향상을 위한 스포츠과학의 뒷받침이 강조된다는 관점에서, 이러한 노력이 미흡한 우리나라의 현실을 고려할 때 우수한 장대높이뛰기 선수의 발굴은 다른 종목에 비해서 더욱 어려운 것이다.

길지만 무거운 장대는 효율성이 저하되는데 1950년대에 대나무에서 금속으로 재질이 바뀌는 과정에서 무게가 오히려 무거워 기록 향상이 둔화된 적이 있다. 그 후 가벼운 소재이며 탄성이 우수한 유리섬유의 장대가 기록발전에 현저한 공헌을 하였다. 장대높이뛰기는 장대의 휘어지는 변형량과 다시 펴지는 반발력이 비례한다는 '후크(Hooke)의 법칙'이 적용되기 때문에 탄성이 우수한 장대를 충분히 굽힐 수 있는 파워와 탄성을 바탕으로 몸을 거꾸로 솟구칠 수 있는 도약력이 요구된다. 장대를 박스에 꽂은 후 공중으로 치솟게 될 때의 공포심을 극복할 수 있는 정신력을 중심으로 한 심리적 능력도 함께 요구된다. 장대와 몸과 마음이 하나가 되기 위한 기술향상의 끝없는 훈련이 강조되는 종목이기 때문에 우리 선수들의 가능성이 높은 종목 중 하나이다.

05
세단뛰기는 세 가지 도약의 균형이 중요하다

세단뛰기(triple jump) 혹은 삼단뛰기는 멀리뛰기와 거의 같은 요령으로 실시하되 연속하여 3차례 도약한다. 40m 이상의 도움닫기를 한 후 모래사장에서 11m 떨어진 구름판을 이용하여 서로 다른 뜀뛰기 동작을 연속적으로 펼쳐서 그 거리를 겨룬다. 첫 번째 동작인 홉(hop)에서는 한 발로 뛰어올라 그 발로 착지한 후 그 착지한 발로 2번째 동작인 스텝(step)을 하여 다른 발로 착지한 후 3번째 동작에서는 점프(jump)를 실시하면서 어떤 식으로 착지해도 무방하지만 흔히 두 발을 모아서 착지한다.

경기의 발생기원이 분명하지 않지만 고대 어린이들의 놀이인 돌차기 놀이 혹은 아이들의 즐거움 표출과정에서 깡충깡충 뛰어놀던 동작으로부터 유래한 것으로 추정되며 스코틀랜드와 아일랜드의 원주민인 켈트(Celt)족의 고대 축제에 유사한 기록이 남아 있다. 아일랜드를 중심으로 근대화된 경기로 발달하였으며, 제1회 아테네올림픽 때부터 정식종목으로 채택되었으나 여자종목은 1996년 애틀랜타올림픽 때부터 처음으로 채택되었다. 제1회 올림픽 때는 한쪽 발로 홉 동작을 2번 실시한 후 점프하여 아일랜드식으로 불리는 방법을 이용하였으나 제2회 올림픽 때부터는 1번으로 줄어들면서 홉-스텝-점프의 표준 동작이 적용되었다. 근육의 수축이완을 복합적으로 빠른 속도로 이동시키는 능력과 함께 전신의 균형적인 근 파워 및 유연성이 요구되며, 양 다리를 이용한 세 가지 도약을 균형적으로 수행해야 한다. 홉을 너무 길게 뛰면 스텝에서 어려움을 가지며, 홉이 너무 짧으면 전체기록이 저하된다. 세 가지 도약의 비율은 세단뛰기 기술에서 중요한 부분을 차지한다. 1928년 암스테르담 올림픽에서 미끼오 오다(織田于雄)는 15m21cm로 우승을 차지하여 일본인 최초의 올림픽 금메달리스트가 되었으며, 이어서 1932년 LA 올림픽에서도 역시 일본의 남부 츄헤이(南部忠平)가 우승을 차지하면서 당시 일본은 세단뛰기의 최강을 이루었다. 일본선수들의 도약비율은 40:27:33이었으나 1960년 처음으로 17m를 돌파한 폴란드의 조셉 슈미트(Jozef Schmidt)의 비율은 35:30:35로서 홉과 점프동작을 동일하게 유지하는 균형을 이루면서 가장 적절한 비율로 간주되고 있다. 그러나 이 비율은 스피드가 강한 선수에게 유리하며, 근력이 우세한 선수는 홉에 다소 치중하는 것이 효과적인 것으로 간주된다. 그러나 1985년 6월 미국의 윌리 뱅크스(Willie Banks)가 17m97cm의 세계기록을 수립할 때는 35:28:37의 비율로서 점프의 비율이 오히려 높게 나타남으로서 개인별 특성도 고려되고 있다. 세단뛰기의 기록변화는 1930년

대의 일본, 1960년대의 소련선수들이 주도하였는데, 소련선수들은 스텝과 점프를 할 때 두 팔을 들어서 도약력을 높이는 방법을 주로 이용하였으나 도움닫기를 할 때의 팔과 다리를 그대로 도약에 활용하는 한팔형 방식이 가장 널리 이용되고 있다.

세단뛰기는 한 때 멀리뛰기에서 소외된 선수들이 하는 종목으로 천대받기도 하였으나, 1968년 멕시코올림픽 때부터 올림픽 3연속 우승을 차지한 소련의 빅토르 사네예프(Viktor Saneyev)와 같은 걸출한 스타들이 출현하면서 인기종목이 되었다. 현재 세계기록은 1995년 예테보리 세계선수권대회에서 영국의 조나단 에드워즈(Jonathan Edwards)가 기록한 18m29cm이며, 여자기록도 같은 대회에서 우크라이나의 이네샤 크라베츠(Inessa Kravets)가 수립한 15m50cm로서 무려 16년째 깨지지 않고 있다. 금년 대구대회에서 새로운 기록수립을 기대해 보자. 17m10cm의 한국 최고기록을 가진 김덕현의 결승진출이 가능한 종목이다.

Chapter 05

투척 이야기

01
투척종목은 투척각도가 제각기 다르다

투척종목의 원반, 포환 및 해머던지기는 창던지기와 다르게 정해진 크기의 원 안에서 회전과 스텝동작을 수행하여 순간적인 파워로 던진다. 원의 지름은 원반은 2.5m, 해머와 포환은 2.135m 이다.

돌 혹은 청동으로 된 것을 던지기 시작한 원반던지기는 기원 전 708년 제18회 고대 올림픽에서 5종경기의 하나로 처음 등장 하여 투척종목 중 고대 그리스인이 가장 사랑한 오랜 역사를 가 졌으며, 1896년 제1회 올림픽에서 정식종목으로 채택되었다. 원 반은 1907년 그때까지 발견된 고대원반 15개의 평균치에 근거 하여 지름 약 21.9㎝, 중심 두께 약 4.4㎝, 무게 2kg이상으로 규 격화되었다. 1928년 올림픽 정식종목으로 채택된 여자 종목은 지름 약 18㎝, 무게 1kg인 원반을 사용한다. 처음에는 그냥 선채 로 던지던 동작에서 시작되었으나 1926년 미국의 클라렌스 하 우저 선수가 고안한 왼발을 축으로 회전하여 원심력을 이용해서 던지는 방법이 이용되고 있다. 허리가 강한 선수는 양발을 넓게 벌려서 회전반경을 크게 하는 방법에 의존하며, 근력이 우수한 유럽선수들은 좁은 반경을 유지하되 빠른 회전속도를 발휘하면서 던지는 기술에 의존한다. 따라서 길고 강한 힘의 팔, 빠르고 강한 회전력의 다리를 지닌 선수가 유리하다.

포환던지기는 트로이전쟁 군인들의 돌 던지기, 스코틀랜드와 아일랜드지방 목장 경비원들의 여가시간 힘겨루기, 17세기 영국군의 뇌관이 제거된 포탄던지기 등으로 기록되어 있다. 처음에는 정사각형에서 포환을 던졌으나 1906년 지금의 원과 7.257kg의 포환무게가 규격화되었다. 1952년 헬싱키올림픽에서 우승한 미국의 패리 오브라이언이 원을 가로질러 스텝을 밟은 후 처음으로 180도 회전하는 기술을 이용하여 올림픽신기록을 수립하였다. 1976년 소련의 바리슈니코프가 원반을 던지는 것처럼 한 바퀴를 완전히 회전하는 기술로 22m의 세계신기록을 수립하였다.

해머던지기는 기원전 2,000년 시작된 경기인데 아일랜드 타라지방에서 나무 끝에 박을 매달아 던졌던 기록이 있다. 초기에 나무 손잡이가 달린 쇠망치를 던지면서 붙여진 명칭이지만 지금은 겉이 철이나 황동, 속은 납으로 채워진 7.25kg의 금속구를 사용한다.

투척종목은 적절한 투사각을 다르게 가진다. 원반은 중앙이 두껍고 양끝이 얇은 타원형으로 비행기 날개처럼 양력의 영향을 받아서 떠오르게 되는데, 투척각도가 45도 이상이면 위로 떠올라 비행거리가 짧아지기 때문에 30도로 던진다. 약간의 맞바람은 오히려 체공시간을 증가시켜 기록향상에 도움을 주는데 초속 10m의 맞바람은 약 5m의 기록을 향상시킨다. 포환은 공기의 영향을 비교적 적게 받지만 투척각도는 37도에 불과하다. 포환던지기는 팔을 스윙하는 것이 아니라 목 부근까지 들어 올려 밀어내기를 하는데 각도를 크게 하면 많이 들어 올려야 하기 때문에 힘의 손실이 커진다. 상체근육은 위로 미는 힘보다 수평으로 미는 힘을 더 강하게 발휘할 수 있다. 밀어내는 과정에서 중력을 극복하는 힘이 요구되기 때문에 포환던지기는 체격이 가장 큰 선수들로 구성되어 있다. 해머던지기는 회전력을 바탕으로 하며 공기저항이 적기 때문에 45도의 투사각이 가장 적절한 것으로 알려져 있다.

02

창던지기는 가장 멀리 날아가는 투척종목이다

원반, 창, 포환, 해머를 던지는 4대 투척경기는 원시시대의 수렵 생활에서 유래되어 고대 부족 간 전쟁에 대비한 훈련과정에서 스포츠로 발전하게 되었다. 전투능력과 관련된 중요한 기술이 었던 창던지기와 원반던지기는 제18회 고대올림픽(기원전 708년) 에서 가장 인기가 있었던 5종경기에 처음으로 포함되었다. 제1회 아테네올림픽에서 남자 포환던지기와 원반던지기, 제2회 파리 올림픽에서 해머던지기, 제3회 세인트루이스올림픽에서 창던지 기가 정식종목으로 채택되었다. 여자는 남자보다 더욱 늦어져 제9회 암스테르담올림픽에서는 원반던지기, 제10회 LA올림픽에 서는 창던지기, 제14회 런던올림픽에서 포환던지기가 각각 등 장하였다.

투척경기는 힘을 바탕에 둔 파워와 턴과 스텝의 조화로 이루 어지는 기술의 경기이다. 투척선수는 신장이 크고 단단한 근육 을 가진 체형으로서 육상선수들 중 가장 우수한 체격을 가진다.

투척경기에 영향을 미치는 가장 중요한 물리적 요인은 투척순간의 초속도, 투척 각도, 투척순간 높이를 들 수 있다. 공기의 저항도 중요한 요소로 작용하는데, 공기저항을 가장 많이 받게 되는 창과 원반은 이를 최소화하기 위한 기술이 더욱 중요하다. 투척순간의 타이밍과 기술의 완벽한 조화를 위한 심리적 안정도 중요하다.

창던지기는 투척종목 중 가장 멀리 날아가는 종목이다. 해머와 포환은 2m13, 원반은 2m50의 원형으로 제한된 구간 내에서 던져야 하지만 창던지기는 약 30m의 도움닫기가 허용되고 무게도 남자 800g, 여자 600g으로 가장 가볍기 때문이다. 창던지기 기술의 핵심은 도움닫기 후 마지막 스텝에서 디딤발의 무릎에서 시작해 허리, 가슴, 팔꿈치, 손으로 힘을 전달하는 능력으로서 크게 흔드는 채찍의 끝부분에 강한 힘이 주어지는 원리가 적용된다. 투척순간의 손목 스냅동작도 중요한 기술에 해당한다.

포환, 해머, 원반과 다르게 창던지기는 회전동작이 포함되지 않기 때문에 신발에 스파이크가 달려 있으며 좌·우 모양도 서로 다르다. 도약 후 한쪽 발을 고정시킨 상태에서 던지게 되므로 지지하는 발쪽에 단단한 하이컷(high cut: 부츠처럼 발목 지지대가 높은 형태)을 가진다. 신발 끈이 풀리면 안 되는 규정 때문에 특별히 제작된 신발을 신기도 한다.

이론적으로 투척 각도는 45도로 날아갈 경우 정확한 포물선을 그리면서 가장 멀리 날 것으로 생각되지만, 실제로 창은 가볍고 길기 때문에 45도로 던져지게 되면 공기저항을 크게 받게 되면서 머리 부분이 들려 위로 솟아버리면서 멀리 날 수 없게 된다. 최근 미국 UCLA 스포츠생체공학연구소는 정상급 창던지기 선수들은 대부분 31~33도 사이로 던지면서 도움닫기에 의한 빠른 가속력을 바탕으로 속도를 유지하는 것이 중요하다고 분석하였다. 각도는 바람 상태에 따라서 차이를 나타내는데 맞바람이 불 때는 28~29도로 창끝을 낮추고 뒷바람이 불 때는 32~33도로 높여서 던지는 것이 더욱 효과적이다. 창던지기는 근력과 스피드에 의한 파워를 기본적으로 갖추어야 하며, 정확한 기술을 발휘하는 것이 요구된다.

03
해머던지기는 회전력을 바탕으로 한다

　해머던지기는 아일랜드 타라(Tara) 지방에서 나무 끝에 박을 매달아 던지는 것으로 처음 시작된 것으로 알려져 있으며, 기원전 2000년경부터 나무 손잡이가 달린 쇠망치를 던지는 경기로서 지금은 겉이 철이나 황동이며 속은 납으로 채워진 7.257kg의 금속구를 사용한다. 남녀가 다른 해머를 사용하는데 여자선수는 4kg, 연결선 길이도 남자는 121.5cm, 여자는 119.5cm이다. 지름 2.135m의 서클 내에서 하체를 고정한 채 머리 위에서 두 바퀴를 먼저 돌린 후 다시 해머와 함께 몸을 3~4회 회전시켜 원심력을 최대한 이용해서 투척한다. 대부분 선수들이 회전속도를 높이기 위해서 사용하는 4회전 기술은 1964년 도쿄올림픽 때부터 일본선수들이 처음 시도한 기술이다. 투척선수의 중량, 근력, 근육 경직 없이 몸을 빠르게 회전시킬 수 있는 유연성을 바탕으로 무거운 중량의 해머를 빠르게 회전시켜 구심력을 최대한 증가시켜야 한다. 마지막 회전에서 투척방향을 고려한 각도를 조절하여 갑자기 손잡이를 놓는 순간 구심력이 사라지고 관성의 법칙이 적용되면서 회전하던 원의 접선방향으로 원심력에 의해서 날게 된다. 물체가 회전할 때 구심력에 대한 반작용으로 생기는 힘인 원심력은 회전하는 물체의 질량이 클수록, 회전속도가 빠를수록 커지기 때문에 해머는 구심력의 크기에 비례해서 원심력을 가지게 된다. 회전력에 의해서 투척되는 해머의 중량이 높아서 공기저항이 비교적 적게 작용하기 때문에 42~45도 범위의 투사각으로 흔히 던져진다.

제2회 파리올림픽 때부터 정식종목으로 채택되었으며, 여자종목은 장대높이뛰기와 함께 2000년 시드니올림픽에서 정식종목으로 채택되었다. 해머선수는 빠른 회전동작을 수행하기 위하여 적절한 신발을 착용하는데, 밑창 바닥소재는 내마모성 화학처리를 한 특수고무를 사용하고 회전 중심 축 부분의 무늬를 없애 회전력을 최대한 살리는 신발이 개발되어 있다. 회전력을 바탕으로 한 운동능력의 관점에서 해머던지기와 피겨스케이팅은 유사점을 가진다. 김연아의 라이벌이었던 일본의 아사다 마오는 츄코대 소속으로서 같은 대학에서 박사학위를 받은 2004년 아테네올림픽 투해머 금메달리스트인 일본의 무로후시 코지로부터 '회전에 관한 비법'을 전수받은 것으로 알려져 있다. 2010년 기록의 세계랭킹 1위인 무로호시 코지는 오래전부터 피겨스케이팅과 투해머는 동일한 기전을 바탕으로 한 회전의 스포츠로 주장해 왔다. 무로호시 코지와 그의 여동생 유카는 아시아 투해머의 일인자인 무로호시 시게노부의 자녀이다. 이들 자녀의 외모를 보면 혼혈아임을 쉽게 알 수 있다. 아시안게임 5연패를 이룩한 시게노부는 올림픽 금메달의 꿈을 이루지 못했다. 투척경기는 기본적으로 체격의 크기가 매우 중요한 바탕을 이루는 요인이다. 이에 시게노부는 동양인의 체격이 가진 한계를 극복하기 위해서 루마니아의 여자창던지기선수와 결혼을 하였으며, 두 자녀를 낳은 후 이혼한 것으로 알려져 있다. 어릴 적부터 투해머선수로 키워서 결국 자신의 아들을 통한 세계제패를 이룬 것이다. 시게노부의 무서운 집념과 투척선수에 대한 유전적 특성의 중요성을 엿볼 수 있는 부분이다.

현재 세계기록은 남자는 1986년 러시아의 유리 세디크흐(Yuriy Sedykh)가 수립한 86.74m, 여자는 2010년 6월에 폴란드의 에니타 블로타르칙(Anita Wlodarczyk)이 수립한 78.30m이다. 한국기록은 2008년 8월에 이윤철이 수립한 71.79m, 여자는 2009년 10월 강나루가 수립한 63.53m이다.

| Chapter 06

중장거리 이야기

01

중거리종목은 가장 고통스럽고 치열한 레이스이다

케냐의 다비드 레쿠타 루디샤는 지난 8월 23일 베를린의 올림피아 슈타디온에서 열린 국제육상경기연맹(IAAF) 월드 챌린지대회 남자 800m 결승에서 1분41초09로서 역시 케냐 출신이면서 덴마크로 귀화한 윌슨 킵케터(38)의 1분41초11을 13년 만에 100분의 2초 앞당긴 세계신기록을 수립하고 다시 1주일 만에 이탈리아 리에티에서 0.08초 단축한 1분41초01의 새로운 기록을 수립하여 중거리의 기록단축경쟁을 뜨겁게 달구고 있다. 여자는 성 정체성 논란을 딛고 꿋꿋하게 달리고 있는 남아공의 카스터 세메냐가 역시 기록단축을 주도하고 있다.

중거리 종목인 800m와 1,500m는 주에너지와 고강도 레이스를 고려해볼 때 심폐지구력과 스피드가 함께 요구되는 특유의 종목이다. 체내에 이미 저장된 ATP-PC 시스템을 에너지로 사용하는 단거리와 산소를 마시면서 에너지를 만들어 사용하는 유산소시스템에 의존하는 마라톤과는 다르게 800m를 비롯한 중거리는 1~3분의 범위로 산소공급이 충분하지 못한 상황에서 고강도로 에너지를 만드는 젖산시스템에 주로 의존하기 때문에 근육 내에 많은 양의 젖산이 축적되어 일시적으로 가장 고통스러운 종목이다. 1928년 제9회 암스테르담올림픽 때 처음 채택된 여자 800m 경기의 결승진출 선수 9명이 달리는 도중에 쓰러져 32년 뒤인 제17회 로마올림픽 때까지 중단될 정도로 힘든 종목이다. 역대 육상경기 최대 라이벌로 꼽히는 영국의 세바스찬 코와 독일의 스티브 오베트는 1980년 모스크바올림픽의 1,500m와 800m에서 각각 우승을 나누는 것을 비롯해 25개월 동안 무려 40여 개의 세계신기록을 기록하면서 중거리 종목을 육상경기 최대 이벤트로 이끌었다. 세바스찬 코는 1984년 LA올림픽 1,500m에서도 우승하여 2연패를 이룬바 있으며, 2012년 런던올림픽 조직위원장으로 활약하고 있다.

지금은 세계선수권대회에서는 실시되지 않지만 여자 3,000m에서도 명승부를 연출한 라이벌 선수가 있다. 미국의 메리 데커(Mary Decker)와 영국의 졸라 버드(Zola Buud)로서, 데커는 1983년 헬싱키 세계육상선수권대회에서 1,500m와 3,000m를 모두 우승하였으며, 6차례나 세계최고기록을 수립하였다. 버드는 혜성같이 나타난 맨발의 소녀로 불리며 데커가 수립한 1,500m와 3,000m의 세계최고기록을 경신하였다. 이 두 선수는 1984년 8월 11일 LA올림픽에서 치열한 선두다툼을 하면서 부딪혀서 모두 넘어져 상위입상에 실패하였으나 그 이후 계속적인 기록 경쟁을 이어 갔다.

트랙종목인 중장거리는 주력뿐만 아니라 전략과 몸싸움도 능해야 유리하다. 특히 중거리는 '육상의 격투기'로 불릴 정도로 격렬하게 레이스를 펼치기 때문에 유럽에서는 각종 대회마다 1마일(1609m) 경주 종목을 따로 마련할 만큼 인기를 끌고 있다. 현재 800m 한국신기록(1분44초14) 보유자인 이진일 현 국가대표 감독은 선수시절 중거리 레이스에서 스파이크로 아킬레스건 부위를 찍히거나 팔꿈치로 가격당하는 경우가 적지 않았다고 했다. 800m는 오픈코스로 접어드는 120m 지점부터, 오픈코스로 시작되는 1,500m는 출발선부터 유리한 자리를 선점하려는 선수들의 과격한 몸싸움이 벌어진다. 이러한 모습은 같은 나라 선수 두 명이 한 조에 포함되는 경우가 잦은 예선 경기에서 자주 목격된다. 두 명 중 한 명은 상대국 경쟁자를 견제하기 위해 '해결사' 역할을 자처하기 때문이다.

800m는 오픈코스로 접어들기 전에 가끔 다른 선수의 코스를 침범하는 파울을 범하는 경우도 있다. 86아시안게임 3관왕에 오른 임춘애는 800m경기에서 원래 2위로 골인하였으나 인도 중거리의 혜성 우샤가 레인을 침범하여 실격 처리되어 금메달을 차지하였다. 이러한 코스규칙은 올림픽 트랙이 대회 때마다 일정하지가 않아 400m 트랙으로 정해진 1912년 제5회 스톡홀름올림픽 때부터 제대로 적용되었다. 제1회 대회인 아테네의 주경기장은 고대 올림픽 경기장을 모델로 삼은 330m의 트랙으로서 폭이 좁고 직선 코스가 길며 급커브의 코너를 이루어 속도를 유지하면서 코너를 돌기가 어려웠다. 제2회 파리, 제3회 세인트루이스

올림픽은 500m, 1908년 제4회 런던올림픽대회는 536.45m였다.
1924년 제8회 파리올림픽 때는 500m에서 실시된 경우도 있었다.
우리나라 육상이 트랙종목 중 중거리종목에서 유독 강세를 보이
는 것은 특유의 '악바리 정신'에 근거한다. 아시안게임 남자 800m
에서 우리나라는 김복주(1986년), 김봉유(1990년), 이진일(1994·
1998년) 등이 4연패를 달성한 바 있다.

02
3,000m 장애물경기는 가장 자연환경과 근접한 경기이다

1850년 옥스퍼드에서 열린 크로스컨트리 경주에서부터 시작된 3,000m 장애물경기는 인간이 자연을 달렸던 상황과 가장 근접한 종목으로서 트랙을 7바퀴 반을 돌면서 허들을 28차례 넘고, 물웅덩이를 7차례 지나야 하는 장거리종목이다. 심폐기능, 유연성 및 근력과 함께 허들과 물웅덩이를 효과적으로 통과하기 위한 기술적 협응능력이 요구된다. 1800년대 초 영국의 한쪽 마을 교회의 첨탑(steeple)에서 다른 마을의 첨탑 사이를 달리는 경마경기에서 착안하여 그 거리를 인간이 달리는 경주로 바꿔놓으면서 크로스컨트리로 발달하여 오늘날의 첨탑경주(steeple chase)로 만들어진 것이다.

근대 올림픽을 부활시킬 때 쿠베르탱은 올림픽의 5가지 기본 경기로 달리기, 사격, 펜싱, 수영과 장애물 뛰어넘기를 강하게 주장하였다. 5개 종목은 제1회 올림픽대회부터 정식종목으로 포함되었으며, 장애물 뛰어넘기는 110m 허들경기만이 포함되었다. 제2회 파리올림픽대회에서는 쿠베르탱의 장애물경기에 대한 강력한 추천을 받아들여 단거리 허들 3종목(110m, 200m, 400m)과 함께 2,500m와 4,000m의 장애물경기가 정식종목으로 실시되었다. 제3회 세인트루이스 올림픽에서는 2,590m의 하나로 조정된 후 제4회 런던올림픽대회에서 3,000m로 규격화되었다. 여자 종목은 2,000m 경기로 진행되어 왔는데, 2005년 헬싱키 세계선수권대회에서 남자와 같은 3,000m 경기가 처음 실시되었으며, 2008 베이징올림픽대회부터 여자 3,000m 장애물경기가 정식종목으로 채택되었다.

트랙을 7차례 도는 과정에서 매번 4개의 허들과 1개의 물웅덩이를 넘어야 하는 힘든 경기로서 여자의 체력 열세를 고려하여 짧은 거리를 실시해 왔으며, 허들높이도 다르게 하였다. 허들 높이는 400m 허들과 비슷한데, 남자는 91.4~91.7cm, 여자는 76.2~76.5cm의 허들을 넘도록 되어 있으나 물웅덩이의 크기와 깊이는 동일하다. 물웅덩이를 설치한 부분은 달리는 코스가 기존트랙을 약간 벗어나서 달리게 된다. 물웅덩이는 길이가 3.66m로서 허들 바로 뒤쪽에 놓여 있다. 제일 깊은 곳이 70cm로서 허들로부터 멀어지면서 얕아지기 때문에 선수들이 가급적 멀리 뛰어 얕은 부분에 착지하기 위해서 물웅덩이의 허들을 넘을 때는 허들 윗부분을 딛고 점핑하는 방법을 주로 이용한다. 물웅덩이가 없는 허들은 일반 허들링과 같이 가급적 닿지 않고 빠르게 넘는 방법을 이용한다.

자연 속에서의 러닝과 근접한 종목으로서 장거리종목의 최강인 케냐 선수들이 아프리카 평원을 달리는 것처럼 대부분의 올림픽과 세계대회에서 우승을 차지해 왔다. 남자 세계기록 보유자인 카타르의 샤이드 샤힌(7분53초63)도 원래 케냐 출신으로서 귀화한 선수이다. 여자 세계기록은 러시아의 사미토바 갈키나가 2008년 베이징올림픽에서 우승할 때 수립한 8분58초81이다. 한국최고기록은 남자가 1990년에 수립한 진수선의 8분42초86로서 20년간 깨지지 않고 있다. 여자는 2008년 여수전국체전에서 최경희가 수립한 10분24초74로서 세계기록과는 많은 차이를 나타내고 있다.

03
트랙 장거리의 영웅

5,000m와 10,000m는 트랙을 계속해서 도는 장거리경기로서 심폐지구력이 가장 중요한 체력요인이며, 마지막 스퍼트와 상대를 앞서기 위해서 스피드도 함께 요구된다. 1912년 스톡홀름 올림픽 때부터 함께 정식종목으로 채택되었으며, 1984년 LA올림픽부터 1992년 바르셀로나올림픽까지와 1993년 세계선수권 때까지는 여자 3,000m가 따로 실시되기도 하였다. 마라톤에서 스피드가 더욱 강조되면서 스피드를 앞세운 장거리선수들이 마라톤으로 전향 출전하여 두각을 나타낸다. 멕시코올림픽 이후부터는 에티오피아와 케냐의 아프리카 선수들이 강세를 나타내고 있지만 그 이전에는 유럽과 미국 선수들이 우세하였다.

5,000m와 10,000m는 2배의 거리 차이를 나타내지만 효율적인 산소운반, 튼튼한 심장 펌프기능, 근지구력이 함께 요구되는 공통점을 가진다. 그렇지만 올림픽에서 두 종목을 한꺼번에 우승한 2관왕은 에티오피아의 케네니사 베켈레(Kenenisa Bekele)와 체

코의 에밀 쟈토펙(Emil Zatopek)을 포함하여 6명에 불과하다. 트랙을 여러 차례 반복해서 돌기 때문에 지루하게 느껴질지 모르겠지만 치열한 순위다툼 과정에서 화려한 역전 명승부를 연출하며 유명선수들이 많이 배출되었다. 10,000m에서 올림픽 2연패를 달성한 선수는 쟈토펙, 핀란드의 라스 비렌(Lasse Viren), 에티오피아의 하일레 게브르셀라시에(Haile Gebrselassie)와 베켈레의 4명이 있으나 3연패를 달성한 선수는 아직 없다. 핀란드 육상 영웅 파보 누르미(Pavvo Nurmi)는 1920년 안트워프올림픽의 10,000m 우승을 시작으로 1924년 파리올림픽 5관왕(1,500m, 5,000m, 크로스컨트리 개인 및 단체, 3,000m)을 포함하여 1928년 암스테르담올림픽에 이르기까지 중장거리 종목에서 무려 9개의 금메달을 획득하였다. 가난한 목수아들로 태어난 그는 경기 출전 때 돈을 지나치게 요구하여 '월릿 레이스(돈지갑 경주)'로 비난 받은 끝에 1932년 올림픽 출전을 금지 당했다.

1952년 헬싱키올림픽 때 쟈토펙은 5,000m, 10,000m와 마라톤을 모두 우승하였으며, 10,000m에서 올림픽 2연패와 함께 최초로 29분벽을 돌파하였다. 후에 그는 체코 민주화를 위한 투사로 활동하여 소련의 박해를 받은 바 있으며, 부인 자나 쟈톱코바(Zana Zatopkova)도 헬싱키올림픽 창던지기에서 우승하였다. 비렌은 1972년 뮌헨올림픽과 몬트리올올림픽에서 역시 10,000m의 2연패를 달성하였다. 에티오피아의 게브르셀라시에는 2000년 시드니 올림픽에서 역전을 거듭한 끝에 케냐의 폴 터갓과 0.19초의 명승부를 연출하면서 2연패를 달성하였다. 세계선수권대회에서는 4연패의 위업을 달성하였으며, 24차례의 세계신기록을 수립하였다. 게브르셀라시에와 터갓은 그 후 마라톤에서도 세계최고기록을 번갈아 세우면서 명승부를 연출해왔다. 게브르셀라시에의 훈련 파트너로 출발한 베켈레는 2003년 파리세계선수권대회 10,000m에서 우승한 후 2009년 베를린대회 때까지 4연패를 달성하였으며 올림픽에서도 아테네와 베이징대회에 연이어 우승하였다. 그가 2004년에 수립한 5,000m의 12분37초35, 2005년에 수립한 10,000m의 26분17초53이 현재 세계신기록이다. 2011 대구대회에서 베켈레가 과연 5연패의 위업을 달성할지 여부가 큰 관심거리이다. 여자 10,000m는 중국의 왕쥰샤(Wang Junxia), 5,000m는 에티오피아의 티루네시 디바바(Tirunesh Dibaba)가 세계신기록 보유자이다.

| Chapter 07

마라톤과 경보

01
마라톤의 기원과 코스

 기원전 490년 그리스의 마라톤 근처에서 치러진 페르시아와의 치열한 전투의 승전보를 알리기 위해서 아테네까지 달려와서 목숨을 거둔 병사 필리피데스(Philippides)의 영웅적 전설은 1896년 제1회 올림픽에서 아테네의 마라톤교(橋)에서 올림픽 스타디움까지 이어지는 36.75km의 달리기로 부활하였다. 이 전설에 대한 역사가들의 진실성 논란은 있으나 페르시아의 후예인 이란은 치욕적 역사로 간주하여 마라톤을 여전히 금기하고 있다. 첫 올림픽 주최국 그리스는 대회 마지막 날까지 메달을 따지 못했으나 집배원이자 군의장대 출신인 스피리돈 루이스(Spiridon Louis)가 2시간58분50초의 기록으로 조국에 첫 금메달을 안기면서 마라톤이 탄생하였다.

 제1회 올림픽에 참가한 미국은 올림픽 마라톤이 마라톤전쟁의 전설과 연관 지어 그리스 국민을 단합시킨 성공사례를 본받아야 한다는 보스턴 육상경기 클럽 회장 브라운의 제안에 따라

바로 이듬해 보스턴마라톤대회를 창설하였다. 미국 독립전쟁의 유서 깊은 보스턴에서 역사적 의의도 되새기고 마라톤의 경기력 향상도 꾀하기 위해서 독립전쟁 최초 교전지로 유명한 렉싱턴(Lexington)을 왕복하는 39.751㎞에서 개최되어 존 맥더모트(John McDermott)가 2시간 55분 10초로 첫 우승을 차지하였다.

1908년 런던올림픽 마라톤코스는 메인 스타디움을 출발점으로 하는 42km 코스를 설정했으나 스포츠를 매우 좋아한 당시 영국 여왕 알렉산드라가 윈저궁의 발코니에서 선수들의 출발모습을 보고 싶어 하여 출발점을 윈저궁으로 변경하게 되면서 윈저궁에서 화이트시티 스타디움까지의 41.8km로 바뀌었으며, 또한 골인지점도 에드워드 7세의 로얄박스 앞에서 골인하도록 함으로서 다시 352m를 더 늘려 42.195km가 되었다. 그 후 16년의 열띤 논쟁을 거친 후 1924년 파리올림픽에서 현재의 42.195km가 공식거리로 확정되었다. 보스턴대회도 올림픽기준에 맞추어 1924년부터 조정했으나 몇 년 후 이 코스가 161m가 짧았던 사실이 밝혀진 우여곡절 끝에 1927년 후부터 공인되었다.

마라톤경기의 공식거리는 전체거리의 0.1%에 해당하는 42미터의 오차만큼 늘어나는 것은 허용되지만 단 1cm라도 짧으면 공식적인 마라톤코스로 인정받지 못한다. 거리 측정은 도로변에서 차도 쪽으로 30cm 지점을 기준으로 한다. 거리계측은 과거에는 줄자와 스키드마크 측정기를 이용하였으나 현재는 코스 실측자의 체중과 타이어 공기압, 노면상태의 분석이 가능한 첨단장비가 부착된 사이클을 이용한다. 출발지와 결승점이 다른 경우 결승점 고도가 출발지 고도보다 42m 이상 낮아지지 않도록 하여 지나친 내리막에 의한 기록향상 효과를 방지하였다. 2011년 4월 19일 보스턴마라톤대회에서 케냐의 제프리 무타이가 2시간03분06초의 새로운 기록을 수립하였으나 고도의 높이가 규정에 맞지 않는 것으로 밝혀져 공인받지 못한 바 있다. 또한 뒤바람 효과를 방지하기 위해서 두 지점 간 직선거리가 50%인 21.047km를 초과하지 못하게 하였다.

코스유형은 출발지와 결승점이 다른 편도형, 반환점을 두는 왕복형, 동일코스를 반복하는 순환형, 다른 지점을 왔다갔다 한 후 다시 출발지에 골인하는 방사형으로 구분된다. 2009년 베를린대회는 순환형으로 실시되었으며, 내년 대구세계대회도 국채보상운동기념공원 종각에서 출발하여 되돌아오는 다소 변형된 순환형으로 실시된다.

02
마라톤기록의 한계

현재 마라톤의 세계최고기록은 에티오피아의 게브르셀라시에가 2008년 9월 28일 독일 베를린에서 수립한 2시간3분59초이다. 1908년 제4회 런던올림픽에서 심판원의 도움을 받은 이탈리아의 도란도 피에트리의 기록이 박탈되면서 우승한 미국의 존 하예스가 수립한 첫 공식기록 2시간55분18초에서 시작하여 100년간 51분19초나 앞당겼다.

과연 마라톤의 인간한계는 얼마일까? 한국은 손기정이 1935년 도쿄마라톤에서 2시간26분42초, 서윤복이 1947년 보스턴마라톤에서 2시간25분39초로 세계기록을 세우기도 하였다. 독일의 제임스 피터스는 1952년부터 연거푸 4번이나 기록을 바꾸면서 20분 벽을 돌파하였다. 초기 미국과 유럽이 주도한 기록향상은 1967년 호주의 데렉 클레이튼이 마의 10분 벽을 깨고 2시간9분36초4를 기록한 후 잠시 정체되었으나 1985년 포르투갈의 카를로스 로페스가 8분 벽을 돌파하며 2시간7분12초로 기록했고

1988년 에티오피아의 벨라이네 딘사모는 7분 벽(2시간6분50초)을 깼다. 11년 후인 1999년 미국의 할리드 하누치가 6분 벽(2시간5분48초), 2003년 9월 케냐의 폴 터갓이 5분 벽(2시간4분55초)을 각각 돌파하였다.

마라톤의 기록한계 극복을 위해서는 초인적인 능력 개발과 과학적 접근이 함께 요구된다. 심폐기능을 중심으로 한 체력 향상과 기온 및 언덕의 환경을 효율적으로 극복하기 위한 과학적인 훈련방법, 식이요법을 비롯한 훈련 외적 보조물 활용, 심리적 요인의 극대화, 신발과 유니폼의 개발을 통해서 끝없는 기록경신은 계속될 것이다. 역대 최고선수들의 신체적 특성을 조합하고 코스의 환경적 요인이 최적조건을 유지한다면 약 20년 후에 2시간 벽을 넘어 1시간 58분까지 단축할 수 있을 것으로 예상된다.

마라톤선수의 기본적 특성 중 피로저항성이 우수하고 산소이용능력이 뛰어난 지근섬유의 구성 비율 증가(미국의 살라쟈르: 대퇴 외측광근의 지근섬유비율 92%), 심폐기능 지표인 최대산소섭취량 및 무산소성 역치의 증가(황영조 선수: 84.5ml/kg/min, 최대능력의 79.6%), 주된 기록 억제요인인 외부적 환경에 해당하는 11~14℃의 기온유지를 비롯한 습도, 풍속 및 언덕 경사 등의 최적상태 유지, 체내 수분량 유지를 위한 첨단 스포츠음료의 개발, 주에너지원인 근육 내 글리코겐 저장량을 증가시키는 식이요법의 개발 등은 계속해서 기록을 단축시킬 것이다. 케냐와 에티오피아를 중심으로 한 아프리카 중남부선수들의 마라톤 독점요인 중 하나로 간주되는 고지환경, 채식위주의 식이습관,

어릴 적부터의 습관적 훈련도 기록단축에 도움을 준다. 스피드 능력을 갖춘 많은 선수들이 레이스 후반까지 경쟁하는 저변도 기록단축의 중요한 요인이다.

마라톤의 스피드화를 위한 훈련방법, 선수 자신의 성실성, 경제적 뒷받침에 의한 동기유발도 함께 요구된다. 힘든 운동의 마라톤은 그 어떤 종목보다 경제적 동기유발이 크게 작용할 가능성이 높다. 국내 마라톤의 후진양성이 어려움을 겪는 것도 부분적으로는 헝그리 정신 결여 때문으로 지적되고 있다. 보다 획기적인 투자와 동기유발이 제시된다면 국내 마라톤도 다시 전성기를 찾을 수 있을 것이다.

03
여자마라톤은?

여자마라톤의 역사는 상대적으로 짧은 편이다. 마라톤에 여자선수가 참가한 것은 언제부터일까? 1966년 4월 당시 여자 참가가 허락되지 않은 70회 보스턴마라톤대회에 캘리포니아 출신의 23세 여성 로베르타 루이즈 기브슨이 번호도 없이 출장하여 참가자 5백여 명 중 3시간21분40초로 126위를 차지한 것이 처음이었지만 비공식적 기록이었다. 이듬해인 67년 같은 대회에 이니셜만 표기한 이름으로 참가 신청을 한 여자선수가 레이스 중에 발각되어 심판이 번호표를 회수하기 위해 여자선수의 남자친구와 몸싸움을 하는 장면이 카메라에 포착되는 것을 계기로 여자에 대한 마라톤의 문호개방이 본격적으로 논의되었다.

1971년 제2회 뉴욕마라톤에 여자 5명이 참가하여 그 중에 2명이 처음으로 2시간55분, 56분대로 완주했다. 1972년 뉴욕마라톤에서 여자는 남자보다 10분 전에 출발해야 한다는 육상경기연맹의 결정에 대한 항의를 위해 출발지점에서 여자 참가자들이 연좌 농성을 벌였다. 1974년 제77회 보스턴마라톤에도 여자부가 신설되었으며, 1978년 애틀랜타에서 여자선수들만이 참가하는 제1회 국제여자마라톤대회가 처음으로 개최되었다. 미국 화장품회사 에이븐이 후원한 이 대회에 총 187명이 참가하여 3시간 이내 골인자가 10명, 4시간 이내 골인자 70명, 완주자는 136명이었다. 이 대회를 계기로 1981년 IOC는 84년 LA올림픽 때부터 여자마라톤을 정식종목으로 포함시키기로 결정하였다. 1966년 70회 보스턴대회의 허가받지 못한 여자선수의 참가 이래 15년이 걸린 것이다.

현재 남녀 간 최고기록 차이는 11분26초이다. 그러나 2003년 영국의 파울라 래드클리프, 케냐의 캐서린 은데레바, 일본의 다카하시 나오코의 3두마차가 경쟁을 벌이던 때에는 10분 이내로 차이가 좁혀진 바 있다. 여자마라톤의 기록 단축 추세는 빠르게 이루어져 왔으며, 최고기록이 수립된 2003년 직전까지의 5년 동안에는 무려 5분22초나 단축된 바 있다. 10년 동안 남자는 1분 동안의 주파거리를 7m 향상시킨 데 반해서 여자는 그 2배에 해당하는 14m를 향상시켰다.

일반적으로 역삼각형의 신체구조를 가진 남자는 무게중심이 위쪽에 있고 정삼각형 신체구조의 여성은 무게중심이 아래쪽에 있기 때문에 스피드나 순발력에서 뒤진다. 따라서 단거리와 같이 빠르게 이동하거나 높이뛰기처럼 중력과 반대방향으로 움직이는 종목은 운동능력의 남녀차이가 크게 나타난다. 마라톤은 남녀 성차가 가장 적은 스포츠 중의 하나다. 남자는 본능적으로 속도를 높이기 위해 불필요한 에너지를 소모하는 경향이 있는데 반해서 여자선수들은 편안한 페이스를 꾸준히 유지함으로써 에너지 소비가 효율적이다. 여자는 체격이 작아 남자보다 땀을 적게 흘리면서도 체온증가를 방지할 수 있다. 여자 마라톤선수의 신체구조가 점점 남자와 비슷해져 가면서 스피드화도 이루어지고 있다. 여자는 남자보다 체내에 소모할 수 있는 지방을 더 많이 가지고 있다. 풍부한 여자선수들의 체지방이 효과적인 에너지원으로 이용될 수 있게 된다면 기록단축은 더욱 빠르게 이루어질 수 있다. 최근 다소 주춤하지만 여자선수들의 현재 추세로 볼 때 10년 이내에 2시간 10분대 이내로 진입할 것이며, 남녀 간 기록차이는 계속해서 좁혀질 것으로 예측된다.

04
올림픽 마라톤의 우승자

올림픽 마라톤의 우승자는 국가적 영웅이 되었다. 1896년 제1회 아테네올림픽에서 아테네의 양치기 청년 스피리돈 루이스(Spyridon Louis)가 마라톤의 역사성과 함께 주최국의 자긍심을 세우고 우승함으로써 마라톤이 가진 국가적 상징성의 의미를 더욱 강하게 만들었다. 당시 6만 관중은 열광했고 게오르그(Georg) 왕의 세 아들은 왕실규범을 어기고 관중석 밖으로까지 뛰어나가 그를 헹가래쳤다. 제3회 세인트루이스올림픽은 시상식 직전에 경기진행 차량에 탔던 부정행위를 고백한 미국의 프레드 로츠(Fred Lorz)가 실격되고 토마스 힉스(Thomas Hicks)가 역대 최저기록인 3시간28분53초로 우승하였다. 그러나 힉스 역시 올림픽 사상 최초로 경기 도중 트레이너가 준 근육강화제 스트리키니네 주사를 두 번이나 맞고 피로를 잊기 위해 독한 코냑을 마셨다는 불명예를 안고 있다. 1908년 제4회 런던올림픽은 심판들의 부축을 받고 먼저 골인한 이탈리아의 도란도 피에트리(Dorando

Pietri)가 역시 실격되면서 미국의 존 하예스(John Hayes)가 우승하였다.

1920년 앤트워프올림픽은 1912년 스톡홀름올림픽 장거리(10,000m, 5,000m, 크로스컨트리) 3관왕이었던 핀란드의 한네스 콜레마이넨(Hannes Kolehmainen)이 우승하였다. 36년 베를린올림픽에서 손기정이 올림픽 최초의 한국인 금메달리스트로서 2시간29분20초의 올림픽신기록을 수립하였다. 52년 헬싱키올림픽에서는 체코의 에밀 자토펙(Emil Zatopek)이 2시간23분04초의 경이적 기록을 수립하였으며, 5,000m와 10,000m를 한꺼번에 우승하여 '인간 기관차'로 불리었다. 그는 혀를 앞으로 쭉 내미는 특유의 호흡법으로 관심을 불러일으켰으며 그가 주로 실시했던 인터벌트레이닝을 급속히 확산시켰다. 60년 로마올림픽에서는 에티오피아 왕궁 근위병 '맨발의 아베베 비킬라(Abebe Bikila)'가 당시 세계최고기록으로 우승한데 이어 4년 후 도쿄에서도 불과 6주전 맹장염 수술을 받고 우승하여 처음으로 올림픽 2연패를 달성하였다. 1968년 멕시코올림픽은 3연패에 도전한 아베베와 함께 출전한 마모 월데(Mamo Wolde)가 우승하여 에티오피아가 처음으로 한 국가의 올림픽 마라톤 3연패를 이루었다. 아베베는 그 후 교통사고로 하반신이 마비되었으나 1970년 노르웨이장애인올림픽의 양궁선수로 출전하여 금메달을 목에 걸어 세계인을 또 다시 놀라게 하였다.

1972년 뮌헨올림픽은 예일대학과 플로리다대학을 졸업한 법학도 프랭크 쇼터(Frank Shorter)가 우승하여 당시 미국 중산층의 마라톤 붐을 일으켰다. 1976년 몬트리올과 80년 모스크바올림픽에서는 동독의 발데마르 키에르핀스키(Waldemar Cierpinski)가 모두 우승하여 2번째 올림픽 2연패를 달성하였다. 1984년 LA올림픽은 최고 노익장 38세의 포르투갈 카를로스 로페즈(Carlos Lopes)가 우승하였으며, 1988년 역사적인 서울올림픽은 이탈리아의 젤린도 보르딘(Gelindo Bordin)이 우승하였다. 1992년 바르셀로나올림픽은 황영조가 마지막 구간인 몬주익 언덕에서 일본의 코이치 모리시타를 제침으로서 66년 전 일장기를 달고 뛰어야 했던 손기정의 한을 풀고 올림픽 마라톤의 두 번째 한국인 우승자로서 국민적 영웅이 되었다.

05
마라톤 국제대회의 기록비교

　　마라톤 세계최고기록의 변화를 살펴보면 천부적 재능과 과학적인 훈련에 의한 우수한 경기력이 가장 중요하지만 평탄한 코스와 기온환경도 크게 영향을 미친다는 것을 알 수 있다. 세계최고수준의 경기력을 주도하는 올림픽대회에서 마라톤의 세계최고기록이 수립되었던 경우는 불과 다섯 차례뿐으로서 42.195km로 처음 시행된 1908년 4회 런던올림픽을 비롯한 5회 스톡홀름올림픽, 6회 안트워프올림픽과 에티오피아의 아베베 비킬라가 2연패한 60년 로마올림픽과 64년 도쿄올림픽이다. 특히 1964년 이후의 올림픽에서 세계최고기록이 수립된 경우는 한 차례도 없었다. 세계육상선수권대회의 마라톤종목에서도 세계최고기록이 수립된 경우는 없었다. 가장 오랜 전통의 보스턴대회는 32㎞지점의 '마의 심장 파열 언덕'으로 유명한 매우 힘든 코스로 알려져 있다. 보스턴대회에서 세계최고기록이 수립된 것은 제47회에서 우리나라의 서윤복 선수가 2시간25분39초로 우승한 경우가 유일하다.

기록변화추세를 살펴보면 80년대 초반 올림픽 우승기록이 세계최고기록에 근접한 바 있으나 90년대부터 다시 현저한 차이를 나타냈다. 특히 90년대 이후 국제적인 마라톤 붐이 일어나면서 마라톤대회 자체가 스포츠마케팅의 중요한 이벤트로 등장하게 되었다. 주요 국제마라톤대회는 우승자와 우수기록에 많은 상금을 시상하고 세계최고기록 수립의 유명대회가 되기 위해서 상대적으로 평탄한 코스와 적절한 기온에서 레이스를 운영해 오고 있다. 이에 반해서 올림픽과 세계선수권대회는 기록보다는 순위의 중요성을 강조하며, 다른 종목도 함께 개최되는 종합대회로서 마라톤종목만을 위한 기온조건을 적절하게 맞출 수 없는 제약을 가지고 있다. 세계최고기록이 수립된 주요 대회는 베를린, 런던, 로테르담, 시카고, 후쿠오카, 도쿄 등에서 개최된 국제마라톤대회이다. 특히 현재 세계최고기록 10걸의 대부분은 베를린과 런던의 평탄하고 서늘한 기온에서 에티오피아, 케냐 선수들이 수립한 기록이다. 서늘하고 평탄한 코스에서 스피드에 강한 아프리카 선수들이 기록단축을 주도해 왔다. 그러나 올림픽과 세계선수권대회는 기록단축과는 다소 거리가 있다.

역대 올림픽 우승자를 보면 2000년 시드니올림픽에서 에티오피아의 게자네 아베라, 60년 로마올림픽의 아베베 비킬라 등 총 7차례 아프리카 선수가 우승을 차지하였다. 세계선수권대회는 12명의 우승자 중 6명이 아프리카 선수로서 케냐와 에티오피아가 강세를 나타내고 있다. 그러나 기록양상과 실제 경기내용을 보면 다른 국제마라톤대회와는 다르게 올림픽에서는 아프리카 선수의 경기력이 그다지 화려하지 않았다. 특히 마라톤 최강국인 케냐가 올림픽에서 우승한 것은 2008년 베이징올림픽이 처음이다. 실제 아프리카 마라톤의 대표적인 강국인 에티오피아와 케냐는 지리적으로 서늘하고 건조한 지역에 해당하기 때문에 이들 선수들은 고온다습의 레이스에서 비교적 약세를 나타냈다.

30도 내외의 고온에서 개최된 베이징올림픽에서 2시간6분32초 올림픽 최고기록으로 케냐에 올림픽 첫 우승을 안긴 사무엘 완지루는 15세 때 이미 일본으로 건너왔다. 베이징올림픽과 2009 베를린대회 모두 고온의 혹서기 레이스에서 케냐 선수가 6분대의 호기록을 수립하여 아프리카 선수들이 고온에 적응하는 경향이 점차 뚜렷해지고 있다. 최근 케냐와 에티오피아 선수들이 환경적응의 경험을 통해서 고온과 다습에서도 비교적 잘 달리지만 원래 자라난 생활환경과의 차이 때문에 기록상금이 주어지지 않고 비교적 고온다습한 환경에서 개최되는 올림픽과 세계선수권대회에서는 화려한 스피드를 발휘하지 못했다. 심지어 아프리카의 우수기록 보유자들이 힘든 올림픽과 세계선수권대회를 외면하는 경향도 있다.

1991년까지 세계기록과 5분12초의 격차를 보였던 한국최고기록은 황영조를 비롯한 이봉주, 김완기, 김재룡 등이 경쟁하던 황금기를 거치면서 1998년에 이르러 44초까지 좁혔으나 현재 2시간7분20초로 다시 3분21초의 격차를 보이고 있으며 스피드화에 현저히 둔화되는 경향을 나타내고 있다. 그렇지만 과거 우리 선수들은 고온다습의 악조건에서 강한 특성을 나타내면서 가장 난코스로 알려진 보스턴대회에서 3차례, 올림픽에서 2차례나 우승을 차지하였다. 내년 대구세계대회 마라톤의 우승자도 고온다습에 강한 선수가 차지할 가능성이 높으며 우리가 마라톤에 기대를 가져보는 이유도 여기에 있다.

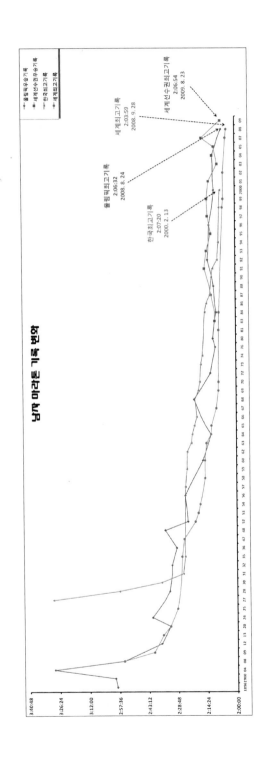

남녀 마라톤 기록 변화

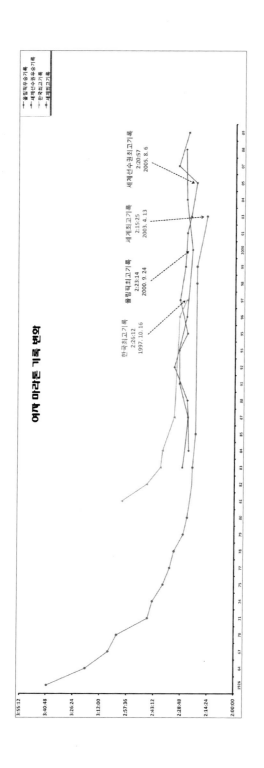

여자 마라톤 기록 변화

06
체온조절과 마라톤

　마라톤경기는 도로에서 장시간 동안 이루어지기 때문에 외부 환경의 영향을 많이 받는다. 고온은 마라톤경기 시 선수에게 또 다른 고통으로 작용한다. 엄청난 에너지 열량을 생성하기 때문에 체온조절 과정이 만약 불가능한 상태라면 완주 후에는 약 120℃까지 체온이 상승할 수 있다. 선수들은 레이스를 펼치면서 호흡과 발한을 통해서 증가되는 체온을 조절하고 견뎌내기 위해서 피나는 노력을 기울인다. 고온과 함께 습도가 높으면 발한과 호흡에 의한 증발기능이 제대로 수행될 수 없다. 습기 찬 대기는 수증기의 포화정도가 높게 되면서 피부표면과 대기 사이의 수증기압 차이가 현저히 감소하여 땀의 증발이 어렵게 됨으로써 증가하는 체온의 효과적인 조절이 어렵게 된다. 그래서 더위와 습도를 함께 고려한 온도지수(WBGT)가 28℃ 이상이면 마라톤경기를 금지시킨다.

　체온조절을 위해 땀을 흘리는 과정에서 다량의 수분과 무기질이 손실되어 심장 순환계통에 과도한 부담을 주고 근육경련의 발생 가능성을 증가시킨다. 마라톤선수들은 경기 시 일정한 간격의 수분 공급에도 불구하고 약 3.5kg의 체중감소 현상을 가져오는데, 이때 전해질 손실과 함께 수분은 13~14%까지 감소한다. 탈수에 의한 체중감소가 1% 나타나면 2%의 페이스 감소를 초래한다. 수분이 체중의 2% 이상 손실되기 시작하면 심박수와 체온이 상승하게 되고 혈장량 감소와 순환기능 감소에 의해서 체온은 더욱 현저하게 증가된다. 수분 감소는 전해질 감소를 동반하기 때문에 전해질의 체내 평형이 깨지면서 효율적인 신경전달과 근 수축이 방해받게 된다.

따라서 마라톤 경기 시에는 전해질과 함께 수분의 공급이 필수적이다. 레이스 중에 무단 음식공급은 허용되지 않지만 5km 구간마다 수분의 공급이 허용되며 자신이 특별히 준비한 음료를 이용하기도 한다. 이때 효과적인 음료를 준비하기 위해서 스포츠영양학을 비롯한 과학의 도움을 최대한 받게 된다. 일반적으로 섭취하는 음료조건은 개인에 따라서 차이가 있지만 약 15분 간격으로 다소 차가운 온도(4~10℃)의 약 150cc 분량을 섭취하는 것이 적절하다. 수분의 체내 흡수를 고려하여 적절한 삼투압이 유지되는 조건에서 탄수화물을 비롯한 부족해진 에너지원의 공급도 가능하다.

햇빛에 의한 열작용도 체온조절에 불리하게 작용하므로 햇빛의 흡수보다는 반사에 도움이 되는 흰색 유니폼이나 모자를 주로 착용한다. 흘리는 땀을 적절하게 발산할 수 있는 유니폼의 재질도 중요하다. 만약 땀을 흡수하여 그대로 유지하게 되면 무게 증가를 가져오면서 또 다른 부담으로 작용한다. 형태도 중요한데 바르셀로나올림픽 때 황영조 선수가 착용한 유니폼은 밑이 탁 트이면서 배꼽티를 연상케 하는 통셔츠의 형태를 나타냈는데, 땀의 발산과 원활한 체온조절을 고려한 것이다. 눈의 피로는 신체 전체의 피로발생에 영향을 미치며 심리적으로 집중력을 저하시키기 때문에 선글라스를 착용하기도 한다. 전술적인 측면도 고려되는데, 운동선수의 외형적 피로상태를 나타내주는 대표적인 요인으로는 눈을 중심으로 한 얼굴의 표정을 들 수 있는데, 선글라스를 착용할 경우 그 표정이 상대선수에게 노출되지 않는 효과도 있다.

07
마라톤의 언덕

　마라톤선수는 처음부터 끝까지 일정한 페이스로 완주하는 경우는 거의 없으며, 특히 언덕이 많은 코스에서는 페이스의 변화를 현저하게 나타낸다. 평탄한 코스일수록 빠른 스피드를 발휘하여 우수한 기록이 수립된다. 현재 세계최고기록 10걸 중 6개가 기록된 로테르담마라톤대회는 1981년부터 시작된 대회로서 최고 표고차가 20m에도 미치지 않으면서 언덕이 거의 없는 평탄한 순환코스이다. 나머지 4개가 기록된 베를린대회와 런던대회도 대표적인 평탄코스이다. 물론 언덕은 레이스를 어렵게 하지만 치열한 승부처가 되면서 극적인 드라마를 연출하는 마라톤의 묘미가 있다. 대표적으로 힘든 코스인 보스턴대회는 하트브레이크 힐(Heart break Hill)로 불리는 마지막 부분의 언덕이 치열한 승부점이 되며, 바르셀로나올림픽에서 황영조가 스퍼트하여 일본의 모리시타를 따돌리며 승부를 결정지은 곳도 몬주익 언덕이다.

에너지소비량은 오르막에서 더욱 높게 나타나는데, 산소섭취량을 기준으로 비교할 경우 내리막에서 최대산소섭취량의 70~76%를 나타낸다면, 오르막길에서는 82~88% 수준을 나타내며 심박수도 더욱 높게 나타난다. 내리막에서는 힘을 적게 소비하며 달릴 수 있기 때문에 지나친 내리막에 의한 기록향상 효과를 방지하기 위해서 출발지와 결승점이 다른 경우 결승점 고도가 출발지 고도보다 42m 이상 낮아지지 않도록 규정해 놓았다. 언덕이 많은 코스를 달릴 때는 내리막과 오르막 때문에 전체적으로 평지보다 많은 에너지소비량이 요구되며 기록도 저하된다. 언덕이 많으면서 기복이 심한 코스에서 뛰어난 능력을 발휘하는 선수가 있는 반면에, 평지에서는 강하지만 언덕이 많은 코스에서 쉽게 지치는 선수가 있다.

오르막과 내리막은 동원되는 근육의 차이를 나타내는데, 언덕을 오를 때는 대퇴근육에 더욱 큰 자극이 주어진다. 언덕에 대비하여 특수한 훈련프로그램의 필요성이 강조되는데, 오르막길과 내리막길에 대한 별도의 분리된 훈련은 경기상황에서 분리되어 나타나는 환경조건은 거의 없기 때문에 실질적인 방법이 되지 못한다. 오르막길은 내리막길보다 높은 에너지소비량이 요구되기 때문에 과도한 오르막 페이스는 극도의 피로현상을 가져올 수 있다. 언덕에 대한 내성훈련이 절대적으로 요구되며, 내성훈련의 초기과정에서는 파트렉 훈련, 언덕 잔디밭을 이용한 피칭 훈련, 오르막 도로훈련을 실시한다. 내리막에서는 에너지소비량이 감소하면서 자신의 페이스 중 가장 높은 수준을 나타낸다. 그러나 내리막에서는 무릎을 중심으로 일어나는 신전성 근 수축의 높은 자극이 주어지기 때문에 이에 대비한 근육의 적응능력이 요구된다. 내리막길에서는 장딴지 부분의 가자미근과 비복근이 많이 이용되며 오르막과 비교 시 순환기능보다 하지 근육기능에 대한 자극이 상대적으로 크게 작용하기 때문에 내리막에서의 페이스, 보폭, 주법 등을 고려한 하지 강화훈련을 실시해야 한다. 대구세계육상선수권대회의 변형된 순환코스는 41~78m 범위의 고도로서 최고고도는 수성못 삼거리 부근(78.1m), 최저고도는 중구청 앞(41.3m)으로서 수성못 입구의 오르막을 제외하고는 거의 평탄한 코스여서 빠른 스피드 발휘가 가능하지만 높은 기온과 습도 때문에 결코 쉽지 않은 코스가 될 것이다.

08
마라톤선수의 식이요법

　　마라톤선수의 식이요법은 마라톤경기를 완주하는 데 필요한 에너지원을 충분히 저장하면서 에너지원을 가장 효율적으로 이용할 수 있도록 섭취하는 것이다. 과거 마라톤경기의 35km 전후지점이 가장 힘든 구간으로 간주되어 온 것은 심리적으로도 어려운 지점이었지만, 체내에 저장된 에너지원이 거의 고갈되기 시작하는 지점으로서 10분대 기록 돌파의 걸림돌로 생각해 왔기 때문이었다. 이를 극복하기 위한 다양한 방안 중 하나로서 식이요법을 이용하였다.

　　마라톤선수들이 자신의 최대산소섭취량을 기준으로 약 75% 이상의 운동강도로 달릴 수 있는 최대지속시간은 운동 전에 미리 근육 내에 저장해 둔 글리코겐 저장량과 비례한다. 완주에 필요한 근육 내 글리코겐의 저장량을 증가시키기 위해서 널리 이용하고 있는 글리코겐 로딩(glycogen loading)의 식이요법은 1960년대 중반부터 이미 실시해 왔다. 초창기에 주로 실시하던 식이요법은 대부분 경기수행 전 7~8일 동안을 기준으로 일차적으로 전반부 3~5일은 운동량을 증가시키면서 식사내용 중 탄수화물 함유량을 감소시켜 근육 내 글리코겐의 저장량을 완전히 고갈시킨다. 이차적으로 나머지 2~3일 동안은 운동량을 감소시키고 고탄수화물의 식사를 섭취하여 그 저장량을 거의 2배로 증가시키는 방법을 주로 이용하였다. 이때 탄수화물 함유량을 정확하게 분석하고 지나친 체중감소를 방지하는 세부적이고 계획적인 프로그램이 세워져야 한다. 국내 마라톤선수들이 80년대 후반부터 35km의 한계를 극복하면서 기록단축을 가져오는데 이러한 식이요법은 크게 도움이 되었다. 그렇지만 이 방법은 선수들에게 많은 고통을 주고 전체적인 컨디션 조절에 어려움을 줄 수 있기 때문에 보다 고통을 적게 줄 수 있는 과학적인 방법이 계속해서 모색되고 있다.

경기 전 3일까지의 고강도훈련과 저탄수화물 식사를 하는 대신 훈련강도는 감소시키되 탄수화물이 55% 수준으로 함유된 보통의 혼합식사를 한 후 경기 전 2~3일 동안 고탄수화물 식사와 더불어 가벼운 운동부하로 훈련을 실시하는 방법도 근육 내 글리코겐 저장량을 거의 동일하게 증가시킬 수 있는 것으로 알려져 있다. 경기 전날 섭취하는 고탄수화물 식사는 지구성 운동능력에 동일한 영향을 미치는 간 글리코겐 저장량을 증가시키는데도 도움을 준다. 간의 글리코겐은 근육에 비해서 쉽게 고갈되고 재보충 된다. 완전히 지치는 수준으로 운동을 하고 나면 간과 근육의 글리코겐이 거의 고갈되는데, 이를 재보충하기 위하여 고탄수화물을 섭취하는 경우 근육은 며칠이 요구되지만, 간은 몇 시간 내에 재보충할 수 있다. 이것은 피로회복 과정에서도 식사내용이 그만큼 중요하다는 것을 의미한다.

장시간의 운동지속능력을 향상시키기 위한 영양학적 접근방안으로는 에너지대사과정의 관점에서 지질대사의 동원능력을 활성화시켜 글리코겐 저장량을 아껴두는 방법, 체내의 아미노산 부족을 방지하여 중추성 피로를 방지하는 식이요법 등과 같은 다양한 연구들이 진행되고 있다. 마라톤선수들은 식이요법에서도 매우 치밀한 과학의 도움을 받고 있으며 이를 적절하게 활용하고 있다.

09
마라톤선수는 모두가 영웅이다

그리스의 마라톤 평야 근처에서 페르시아와 전투를 벌이던 조국의 승전보를 알리려 아테네까지 달려간 병사 페이디피데스(Pheiddippides)는 승리의 소식을 알린 후 숨을 거두었으나 그가 마라톤에서 아테네까지 달린 거리는 마라톤의 뿌리가 되었다. 1896년 아테네올림픽에서 페이디피데스의 전설은 아테네의 마라톤교(橋)에서 올림픽 스타디움까지 40km 달리기로 다시 태어났다. 마라톤은 전통적으로 올림픽과 세계육상선수권대회의 마지막 경기종목으로 자리 잡고 있는데 그것은 마라톤의 화려한 부활과정에 연유한다. 첫 올림픽을 주최한 그리스는 마지막 날까지 메달을 따지 못했으며 조국에 승리의 영광을 안겨줄 마지막 단 하나의 희망만 남아 있었다. 마라톤교를 출발한 25명의 주자들이 새 단장을 한 고대 파나티안 스타디움의 골인지점으로 향하는 레이스에서 9명의 주자만이 완주하여 골인하였는데 그 가운데 8명이 그리스인이었다. 그리스 마루시 마을의 집배원이자 군 의장대 출신인 스피리돈 루이스(Spiridon Louis)가 최종 우승자로서 2위 그룹보다 7분 빠른 2시간58분50초의 기록으로 골인했다. 주최국 국민들을 열광시킨 국가적 영웅 탄생과 함께 마라톤은 화려하게 부활하였다. 그 후 올림픽 마라톤의 우승자는 조국을 지키는 전쟁에서 승리한 영웅처럼 투혼의 화신으로 존경받게 되었다. 일제의 압박으로부터 조국 독립의 화신이 된 손기정, 소련의 박해에 항거하는 민주 투사가 된 체코슬로바키아의 에밀 자토펙(Emil Zatopek), 조국이 받은 설움을 이른바 적진 이탈리아 수도에서 처절한 복수극을 펼치는 '맨발의 영웅'이 된 에티오피아의 아베베 비킬라(Abebe Bikila), 66년 전 일장기를 달고 뛰어야 했던 손기정의 한을 풀어주는 몬주익의 영웅 황영조 등은 모두 올림픽 마라톤이 낳은 대표적인 조국의 영웅들이다.

그렇지만 항상 우승자만이 영웅이 되는 것은 아니다. 1968년 멕시코올림픽에 마모 월데가 우승하면서 아베베 비킬라와 함께 조국 에티오피아에게 올림픽 3연패의 영광을 안기면서 결승 테이프를 끊은 지 1시간이 지나면서 대부분의 관중이 자리를 떠난 경기장에 마지막으로 들어온 탄자니아의 존 스티븐 아크와리의 다리에는 붕대가 감겨져 있었으며 그 사이로 피가 흐르고 있었다. 경기 도중 넘어져 상처를 입은 그는 마지막까지 사력을 다해 골인하면서 '내 조국은 나에게 경기를 시작하라고 여기 보낸 것이 아니라 끝까지 마치라고 보냈다.'라고 자신의 사명을 다할 수 있었기에 행복해했다. 2004년 아테네올림픽의 마지막 날 주경기장으로 브라질의 반데를레이 리마는 얼굴을 잔뜩 찡그려

힘든 기색이 역력한 모습으로 비록 우승자보다 1분16초 뒤진 3위로 골인했지만 관중들은 '진정한 우승자'에게 아낌없는 기립박수를 보냈다. 그는 선두로 달리던 37㎞ 지점에서 아일랜드 출신의 종말론 추종자인 한 관중에 의해서 넘어지면서 스테파노 발디니(이탈리아)에게 선두를 내준 뒤 끝내 뒤로 처졌다. 마라톤에서는 한 번 넘어지면 다시 일어나 달리는 것조차 힘들지만 극심한 고통을 극복하고 끝내 절망하지 않은 투혼의 영웅으로 골인한 것이다. 사고에 의해서 올림픽 마라톤 사상 초유의 일로 치유할 수 없는 오점을 남겼지만 전 세계인들로 하여금 마라톤의 진정한 의미를 깨닫게 했다. 기원전 490년 올림픽 평원에서 아테네까지 40여㎞에 이르는 죽음의 레이스를 달렸던 병사 페이디피데스의 투혼을 2,500여 년 만에 리마를 통해 다시 볼 수 있었다. 끝까지 조국을 위해서 최선을 다하는 마라톤선수는 모두가 영웅이다.

10
한국 마라톤의 발자취

　　한국 마라톤의 역사는 손기정 선수 이전으로 거슬러 올라간다. 한국인으로서 마라톤에 첫 공식기록을 낸 선수는 마봉옥이다. 그는 1927년 조선신궁체육대회에서 3시간29분37초로 우승을 차지하면서 한국 마라톤 첫 공식기록의 주인공이 되었다. 이어 인력거를 끌어왔던 이성근이 1930년 역시 같은 대회에서 2시간36분30초로 최고기록을 수립하였으며, 1931년 고교생 김은배는 2시간26분12초의 당시 세계최고기록(비공식)으로 우승했다. 한국인으로 올림픽 마라톤에서 첫 모습을 나타낸 것은 1932년 LA올림픽이다. 의지의 청년 권태하와 김은배가 첫 출전하여 권태하는 3개월 사이에 3번이나 마라톤 풀코스를 완주하는 저력의 사나이로 올림픽에서 9위에 올랐으며, 김은배는 6위를 차지했다. 한국인 첫 올림픽 금메달리스트 손기정은 1932년에 이미 마라톤코스를 완주했고 800m, 1,500m는 물론 5,000m와 10,000m에서도 여러 차례 우승을 하면서 중장거리의 국내 최강자로 등장하였다. 1935년 2시간25분14초의 한국 최고기록을 세운 뒤, 1936년 제11회 베를린올림픽에서 2시간29분19초의 기록으로 한많은 우승 월계관과 청동투구를 차지하였다. 해방 이후 1947년 서윤복이 가장 오랜 역사를 가진 보스톤마라톤에서 당시 세계 최고기록에 해당하는 2시간25분39초로 우승을 차지하면서 마라톤 한국의 강한 면면을 자랑하였으며, 1950년 같은 대회에서 함기룡이 1위, 송길윤, 최윤칠이 2, 3위를 휩쓸어 세계를 더욱 놀라게 했다. 1956년 제16회 멜버른올림픽에서 이창훈이 2시간 28분45초로 4위를 차지하며 마라톤 한국의 저력을 입증하였다.

그러나 한국마라톤은 그 뒤 이창훈이 1958년 도쿄아시안게임에서 우승한 것을 제외하고는 거의 침묵의 40년을 보내게 된다. 그렇지만 마냥 침묵만이 이어진 것은 아니며 나름대로 처절한 노력을 계속하였다. 김양곤의 뉴델리 아시안게임 우승, 1984년 이홍열의 14분대 진입, 반영만, 정만화, 유재성, 송재필 등이 피나는 기록 단축을 이어왔으며, 1990년대 들어 허의구, 김원탁, 김완기 등이 비로소 12분 벽을 돌파하면서 다시 세계정상권에 접근하기 시작했다. 1992년 혜성처럼 등장한 황영조(당시 코오롱)는 벳부-오이타마라톤에서 2시간8분47초라는 엄청난 기록으로 9분벽마저 돌파했고 같은 해 바르셀로나올림픽에서 역사적인 몬주익 우승의 신화를 창조해냈다. 1991년까지 세계기록과 5분12초의 격차를 보였던 한국최고기록은 황영조를 비롯한 이봉주, 김완기, 김재룡 등이 경쟁하던 황금기를 거치면서 1998년에 이르러 44초까지 좁혔으나 현재 2시간7분20초로 다시 3분21초의 격차를 보이고 있으며 스피드화에 현저히 둔화되는 경향을 나타내고 있다. 황영조의 은퇴와 더불어 우려의 목소리가 높아갔지만 이봉주가 기대 이상의 성과를 보이며 한국 마라톤의 대를 이어나갔다. 1996년 애틀랜타올림픽에서 은메달을 따내며 한국 국민의 한을 풀었으며 이어 후쿠오카국제마라톤에서 우승하면서 마라톤 강국으로서의 면모를 지켜나가게 되었다. 이봉주는 1998년 로테르담 마라톤에서 2시간7분44초로 당시 한국 신기록을 수립했으며 같은 해 방콕 아시안게임과 2002년 부산 아시안게임에서 2연패를 차지하였다. 2008년 광저우아시안게임에서 지영준이 우승을 차지하면서 이봉주 이후 침체된 한국 마라톤의 차세대 기수들에게 용기를 주고 있다. 우리 선수들은 고온다습의 악조건에서 강한 특성을 나타내면서 가장 난코스로 알려진 보스턴대회에서 3차례, 올림픽에서 2차례나 우승을 차지하였다. 2011 대구세계대회 마라톤의 우승자도 고온다습에 강한 선수가 차지할 가능성이 높으며 우리가 마라톤에 기대를 가져보는 이유도 여기에 있다 이번 대회를 계기로 한국 마라톤이 화려한 재기를 이루기를 바라는 마음이 간절하다.

11
마라톤의 건강증진효과

　현대사회는 급속한 산업화와 과학문명의 발전에 의한 긍정적인 변화에 반하여 신체활동 부족이 가져다 준 건강유지의 어려움에 노출되어 있다. 현대인들은 삶의 질적 향상을 통한 웰빙 추구를 위하여 건강에 관한 적극적인 관심을 가지게 되었으며, 이를 위한 균형적인 영양섭취, 충분한 휴식, 적절한 숙면과 더불어 무엇보다도 규칙적인 운동의 중요성을 깊이 인식하게 되었다. 규칙적인 운동방법의 대표적인 운동종목으로서의 마라톤은 이제 국민 스포츠로 완전히 자리 잡게 되었다. 마라톤은 심폐지구력과 근지구력을 향상시키는 것은 물론 비만예방과 각종 성인병을 예방하며, 정신건강에 도움이 되는 최적의 유산소 운동이라고 할 수 있다. 마라톤의 규칙적인 수행을 통한 건강증진 효과를 살펴본다.

　마라톤과 같은 지속적인 유산소 운동은 우선 심장과 폐에 적절한 자극을 주게 되는데, 심장의 근육을 더욱 튼튼하게 함으로서 1회 수축하여 내뿜는 혈액량(1회 박출량)을 증가시키게 된다. 심장은 끊임없이 수축을 반복하게 되는데, 1회 박출량이 증가하면 그만큼 자주 수축하지 않고도 충분히 기능을 수행하기 때문에 그 효율성이 향상됨을 의미한다. 심장은 수축과정에서 수축기와 확장기를 가지게 되는데, 마라톤은 확장기말 심장 용적을 증가시키고 수축기말 용적은 감소시켜 1회 박출량이 증가되도록 해준다. 마라톤은 혈관을 더욱 튼튼하게 변화시켜 탄성을 증가시킴으로써 혈압을 낮추어 주며, 혈액 내의 지질농도도 감소시켜 동맥경화현상을 방지해준다. 또한 호흡기능에 영향을 미치는 폐활량을 증가시키며, 기도와 폐에서의 공기 흐름을 부드럽게 해주면서 가슴 주위의 호흡에 관여하는 근육들을 강화시켜 결과적으로 호흡기능을 향상시켜준다.

근육기능은 운동을 수행하는 과정에서 중요한 역할을 담당하는데, 지속적인 운동을 수행하면 근육 내의 에너지원, 수분 등이 부족해지고, 산성화를 유발하여 근육의 원활한 수축을 방해하는 물질들이 축적되면서 근력과 근지구력을 적절하게 유지하지 못하게 된다. 마라톤과 같은 지속적인 유산소 운동은 근육 내의 에너지원을 더욱 많이 저장할 수 있도록 해주며, 수분 부족과 산성화를 일으키는 물질 축적 현상 등에 대한 저항능력을 더욱 강화시켜줌으로써 근육의 지속적인 수축능력을 향상시킨다. 지속적인 유산소 운동은 근육세포 내에서 에너지를 만드는 공장에 해당하는 미토콘드리아 함량 수준을 증가시켜 운동 중에 지방산을 산화시키는 능력을 증가시키게 되는데, 이러한 효과는 유리지방산의 에너지 동원 능력을 증가시키면서 근육 내 탄수화물의 저장능력을 증가시키게 된다. 따라서 지속적인 유산소 운동을 통한 이러한 능력의 향상은 근지구력을 향상시키게 된다.

현대사회의 부정적인 생활습관으로 간주되는 지나친 영양공급과 신체활동 및 운동부족은 심혈관계 질환, 당뇨병, 고혈압 및 비만 등의 생활습관병(성인병)을 포함한 각종 질병의 증가현상을 초래하였다. 마라톤과 같은 지속적인 유산소 운동은 지나친 영양공급 및 운동부족 등으로 인한 다양한 건강관련 문제를 긍정적으로 개선시킬 수 있다. 마라톤은 우리 몸에서 불필요한 체지방의 감소와 근육 및 뼈와 같은 제지방의 증가를 통하여 신체구성을 긍정적으로 변화시켜 비만을 해소하고 예방할 수 있는 대표적인 유산소 운동이다. 또한 혈중의 중성지방 및 저밀도 지단백 콜레스테롤 농도를 감소시키고, 고밀도 지단백 콜레스테롤 농도를 증가시켜 고지혈증, 고혈압 등과 같은 혈관관련 질환을 예방할 수 있다.

마라톤은 최근 국민건강을 위협하는 대표적인 질환에 포함되는 비만과 당뇨병 방지에도 크게 도움이 된다. 식생활의 부정적인 변화와 운동기회 부족에 의해서 남녀노소의 모든 연령층에 급증하고 있는 비만인구는 국민건강의 대표적인 위험요인으로 간주되고 있다. 특히 비만은 고혈압, 동맥경화증, 울혈성 심부전, 심근기능 저하, 당뇨병, 간경변, 통풍, 신장이상, 월경과 난소의 이상, 각종 암, 담낭증, 무릎을 중심으로 한 골관절염, 폐기능 저하, 각종 사고에 노출 가능성 증가 등을 초래한다. 마라톤은 에너지소비량의 증가에 의한 신체구성의 긍정적인 변화, 산소 운반능력 증가, 혈당량 증가방지 및 인슐린 감수성 증가, 혈중 지질변인의 농도 및 혈압감소 등을 통해서 비만 방지 및 처치를 위한 중요한 운동방법에 해당한다.

당뇨병은 혈당량이 과도하게 증가되며 이를 조절하는 중요한 역할을 담당하는 인슐린의 기능이 저하된 상태를 의미한다. 마라톤을 비롯한 규칙적인 운동은 인슐린에 대한 감수성을 향상시켜 혈당량의 증가를 방지하는 데 효과적인 방법으로 널리 간주되고 있다. 특히 마라톤은 당뇨병에 의해서 건강을 크게 위협하는 시각기능, 신장계, 심장혈관계, 말초혈관계, 신경계, 소화계, 면역기능 등을 저하시키는 합병증의 발병 방지에도 매우 효과적인 것으로 알려져 있다.

마라톤은 인체의 면역기능 및 항산화 기능을 향상시켜준다. 장기간의 규칙적인 유산소 운동은 운동부족, 피로축적, 영양상태 불균형 등에 의해서 발생할 수 있는 다양한 염증반응을 감소시키고, 이에 대응하는 면역기능도 강화시켜준다. 이러한 면역기능의 강화는 혈액 내 급성염증 반응으로 인한 심혈관계 질환을 예방할 수 있으며, 환경변화, 생활 피로 및 스트레스의 증가를 통해서 발생할 수 있는 산화스트레스에 대응할 수 있는 항산화 능력을 증가시켜준다. 이러한 항산화 능력의 향상은 산화스트레스와 관련된 각종 염증질환 및 대사증후군의 예방에도 도움이 된다.

마라톤은 건강과 관련된 이익뿐만 아니라 즐거움이나 성취감을 얻게 해주며, 이는 곧 정신적, 사회적 건강을 증진시키는 데 도움을 준다. 아울러 극한에 도전하는 어려움에도 불구하고 마라톤을 통해서 얻어지는 정신적 자신감과 사회적 친화력은 건강한 개인과 사회를 만들어 가는 데 중요한 역할을 담당하게 될 것이다.

12
경보는 도로에서 빠르게 걷기를 겨루는 종목이다

경보는 경기 중 어느 한 쪽 발은 항상 지면에 닿아 있어야 하며, 땅에 닿은 발은 무릎이 굽혀지지 않은 상태로 몸의 중심이 발 닿은 지점을 넘어 선 후에 다른 발을 내디뎌야 한다. 보폭이 신장의 2/3 이상이 되지 않도록 해야 한다. 다른 육상종목과 다르게 걷기를 해야 하기 때문에 그 자세에 대한 엄격한 규정이 적용되며 9명 이상의 심판원이 배치된다. 동일한 부정행위로 동일한 심판으로부터 두 차례 경고를 받거나 경기 도중 3명의 심판원으로부터 동시에 부정으로 판정받게 되면 실격 처리된다.

근대 육상을 주도한 영국에서 1866년 처음 경보경기가 열렸으며, 미국에서는 1873년에 개최된 하버드, 예일, 코넬, 컬럼비아대학 등 제1회 4개 대학 육상대회에서 7마일 경보가 실시되었으며 직업선수의 경보대회도 개최되었다. 1908년 제4회 런던올림픽 때부터 트랙에서 실시된 3,500m 경보를 시작으로 올림픽 정식종목이 되었으며, 1956년 멜버른올림픽에서 20km 경보가

처음 실시되었다. 여자경기는 1983년 헬싱키세계선수권대회에서 10km경보가 처음 실시된 후 1999년 세비아대회에서 20km 경보로 바뀌었다. 1992년 바르셀로나올림픽에서 10km 경보가 처음 여자종목으로 채택된 후 2000년 시드니올림픽에서 20km 경보로 바뀌어 실시되었다. 트랙에서 실시되는 3,000m를 비롯한 다양한 종목이 있으나 올림픽과 세계선수권대회에서는 도로에서 실시되는 20km 남녀 경보와 50km 경보만이 개최된다.

어려운 자세로 빠르게 걷기를 실시해야 되기 때문에 동일한 속도의 러닝에 비해서 1.5배 이상 더 많은 에너지소비량을 나타내는 힘든 경기이다. 50km 경보는 유일하게 남자만 실시하는 육상경기 종목으로서 의사가 보증한 최근 30일 이내의 건강진단서를 제출해야 한다. 50km 경보는 1932년 LA올림픽에서 정식종목이 되었으며, 육상종목 중 가장 오랜 시간 진행된다. 현재 세계최고기록은 러시아의 데니스 니제고르도프(Denis Nizhegorodov)가 2008년에 세운 3시간34분14초이며, 러시아는 특히 여자 20km에서 2001년 에드먼톤대회부터 2009년 베를린대회까지 5연패를 차지하면서 경보의 최강국으로 군림하고 있다. 경보 철인의 대표적인 선수는 시드니올림픽에서 20km와 50km를 모두 우승한 유일한 선수인 폴란드의 로버트 코르제니오프시키(Robert Korzeniowski)를 들 수 있다.

5km 구간마다 음료를 포함한 음식물 공급이 허용되지만 주최측이 지정한 장소 외에서 음식물을 무단 섭취할 경우에는 실격 처리된다. 심폐지구력과 근지구력, 부드러운 다리와 허리동작을 위한 유연성이 경기력에 중요한 영향을 미친다. 1초에 4피치 이상의 스피드를 갖춘 걸음이 중요하기 때문에 피치를 길게 하면서 빠르게 하기 위한 허리와 엉덩이의 회전동작이 요구되면서 우스꽝스러운 자세를 연출한다. 신장이 큰 선수는 오히려 불리할 수도 있는데 세계적인 선수들은 대부분 170cm를 넘지 않는다. 2011 대구대회는 국채보상공원을 출발점으로 하는 도심 2km를 순환하는 코스에서 진행된다. 남자 20km의 한국최고기록 보유자 김현섭은 세계최고기록과 2분25초의 좁은 격차를 나타내고 있기 때문에 상위입상도 기대할 수 있다.

13
혼성경기의 우승자는 가장 위대한 육상선수이다

　육상경기의 꽃은 흔히 100m 혹은 마라톤과 같은 단일종목을 꼽는다. 그러나 진정한 육상경기의 왕은 혼성경기의 승자로 눈을 돌려야 할 것이다. 10종경기(Decathlon)는 1912년 스톡홀름에서 열린 제5회 올림픽 때부터 처음으로 실시되었다. 당시 우승자인 짐 도프(Jim Thorpe)는 스웨덴 왕 구스타브 5세로부터 '세계에서 가장 위대한 선수'로 불리며 10종경기의 우승자야말로 육상경기 최후의 승자로 인식되었다.

　혼성경기의 기원은 고대 올림픽으로 거슬러 올라갈 수 있다. 고대 그리스인들은 정신적, 육체적으로 조화를 이룬 완전한 인간에 최고의 관심을 가졌으며, 그러한 인간을 기원전 708년부터 실시되던 달리기, 멀리뛰기, 창던지기, 원반던지기, 레슬링의 '고대 5종경기' 승자를 통해서 실현하려고 생각하였다. 강을 뛰어넘어 맹수를 쫓고(멀리뛰기), 돌을 던져(원반던지기) 실패하면 뛰어 쫓아가서(달리기), 창을 던져 공격하고(창던지기), 맹수와 결투를 벌여(레슬링) 사냥에 성공하는 과정을 경기로 옮겨놓은 고대 5종경기는 당시 최고의 인기종목으로서 레슬링을 제외하면 육상경기의 혼성경기임을 알 수 있다. 현재 육상경기와는 별도로 실시되고 있는 근대 5종경기도 이러한 육체적 완성과 정신적 조화를 달성하기 위하여 고대 5종경기에 바탕을 두고 현대 사회에서 요구되는 강한 인내심과 감투정신, 스피드, 지구력을 겨루는 경기로서 근대올림픽 창시자인 쿠베르탱(Pierre de Coubertin)이 고안하였다.

1952년에 고안된 채점표는 인류의 한계로 간주되는 기록을 1,500점으로 기준하여 채점하였으나 그 후 최고기록을 돌파하는 선수가 나타나는 모순이 발생하여 1964년부터 종목별 상위 25명의 평균기록을 1,000점으로 기준하여 가감하는 방식이 공인되어 적용되고 있다. 트랙 4종목과 필드 6종목의 10종목을 2일 동안에 겨루어 각 종목의 성적을 채점표에 의해 점수로 환산, 합계점이 많은 선수가 상위가 된다. 제5회 올림픽 때는 3일로 나누어 실시되었으나, 지금은 2일로 나누어 첫날에는 100m · 멀리뛰기 · 포환던지기 · 높이뛰기 · 400m, 다음날에는 110m 허들 · 원반던지기 · 장대높이뛰기 · 창던지기 · 1,500m의 순서로 실시한다. 다른 대부분의 육상경기 종목이 특이성에 의한 하나의 세부적인 체력이 요구되는 데 반해서 스피드, 순발력, 도약력, 기술 및 지구력 등의 모든 체력이 요구되기 때문에 가장 어려운 종목임을 알 수 있다.

여자는 제18회 올림픽 때부터 정식종목으로 채택된 5종경기

(멀리뛰기·창던지기·200m 달리기·원반던지기·1,500m 달리기)가 1981년부터 7종경기(100m허들·포환던지기·높이뛰기·200m·멀리뛰기·창던지기·800m)로 실시되면서 1984년 LA올림픽 때부터 7종경기로 실시되고 있다. 첫째 날에는 100m 허들·높이뛰기·포환던지기·200m 달리기를, 둘째 날에는 멀리뛰기·창던지기·800m 달리기를 실시한다. 1종목이라도 실시하지 않거나, 1회도 시기하지 않는 경우는 기권으로 간주하므로 초인적 능력을 요구한다. 남자 세계기록 보유자는 체코의 로만 세브를레(Roman Sebrle)이며, 미국의 딘 오브라이언(Dan O'Brien)과 체코의 드보락(Tomas Dvorak)은 세계선수권대회 3연패를 차지한 바 있다. 여자선수로는 미국의 재키 조이너-커시(Jackie Joyner-Kerse)가 서울올림픽과 바르셀로나올림픽을 연이어 제패하였으며, 스웨덴의 캐롤라인 클리프트(Caroline Kluft)는 24회 아테네올림픽 우승과 함께 세계선수권대회의 3연패를 이루었다.

| Chapter 08

환경 극복과 도핑

01
육상경기와 기온

기온을 비롯한 환경적 특성은 육상선수가 생리적 기능을 효율적으로 발휘하는 데 중요한 영향을 미친다. 여름철의 고온과 다습은 대부분의 운동선수들이 경기력을 발휘하는 데 부정적으로 작용한다. 고온은 운동 시 발생하는 체열 증가와 더불어 적절한 체온유지를 어렵게 하기 때문이다. 그러나 높은 기온이 오히려 긍정적으로 작용하기도 한다.

최근의 애틀랜타, 아테네, 베이징올림픽 등은 물론 베를린 세계선수권대회는 대회기간 중 대부분 높은 기온이 유지되면서, 전반적인 기록경기의 어려움을 가져왔다. 그렇지만 경기시간이 짧으면서 순간적인 파워에 의존하는 종목에서는 체열증가에 의한 체온조절의 필요성이 중요하지 않을 뿐만 아니라 오히려 긍정적인 영향을 미친 것으로 나타났다. 고온에서 개최된 애틀랜타올림픽 남자 단거리 100m와 200m에서 캐나다의 도노반 베일리와 미국의 마이클 존슨이 각각 세계신기록을 수립하였으며,

24℃ 내외의 야간에 열린 베이징올림픽 100m와 200m에서 우사인 볼트가 모두 세계신기록을 수립하였다. 고온에서는 공기의 밀도가 낮아지면서 공기저항이 줄어들게 된다. 따라서 체중 혹은 물체의 이동이 용이해지기 때문에 단거리선수와 투척선수들은 상대적으로 유리해진다.

고온은 선수들의 컨디션 조절을 어렵게 만들면서 장거리와 마라톤경기를 더욱 어렵게 한다. 마라톤은 도로에서 장시간 이루어지기 때문에 외부적 환경의 영향을 가장 많이 받는 종목이다. 그래서 흔히 마라톤에서는 세계신기록이 아닌 세계최고기록이라고 한다. 더위를 비롯한 자연환경의 제한요인을 선수들이 적절하게 극복하는 방안이 경기력 발휘과정에서 매우 중요하게 작용한다.

더위는 42.195km의 긴 거리를 장시간 달리는 마라톤선수에게 또 다른 고통으로 작용한다. 근육은 37℃의 체온을 유지할 때 가장 효율적으로 수축한다. 마라톤선수는 경기를 수행하는 동안 산소공급량, 체내수분과 에너지원의 부족, 근육과 신경자극 과정에서 점차 축적되는 피로, 상대선수와의 경쟁에 의한 불안과 정신적 고통을 극복해야 한다. 더위는 체온을 상승시켜 이러한 어려움을 더욱 어렵게 만든다. 습도가 높을 경우에는 대기 중에 수증기가 많이 함유되어 그 포화정도가 높게 되면서 피부 표면과 대기 사이의 수증기압 차이가 현저히 감소되어 땀의 증발을 어렵게 함으로써 경기 시 증가되는 체온의 효과적인 조절이 어렵게 하여 효율적인 근육 수축을 더욱 힘들게 한다. 더위와 습도를 함께 고려한 온도지수(WBGT)가 28℃ 이상일 경우 원칙적으로 경기진행을 금지시키는 것은 그만큼 더위와 습도의 위험성을 나타내준다.

마라톤경기는 다른 경기와 달리 11～14℃의 범위가 가장 적절한 기온으로 간주된다. 흔히 올림픽과 세계선수권대회에서 단거리의 세계신기록이 수립되지만 마라톤에서 세계최고기록 수립이 어려운 이유 중 하나로 기온의 영향을 들 수 있다. 현재 마라톤 세계최고기록은 13℃에서 개최된 2008년 베를린마라톤 대회에서 에티오피아의 게브르셀라시에가 수립한 2시간 3분 59초이다.

02

고지대에서 유리한 육상 종목도 있다

    고지대에 오르면 숨이 차고 산소부족을 느끼기 때문에 육상 선수들이 경기를 수행하는 데 어려움을 겪는다. 고지대에서 육상경기가 실시되면 모든 종목이 불리한 것은 아니다. 단거리, 도약, 투척 등과 같은 종목은 오히려 유리한 환경을 제공한다. 1968년 해발 2290m의 고지대인 멕시코올림픽에서 미국의 짐 하인스가 100m 9초95로 처음 9초대 진입에 성공하였으며, 높이뛰기에서 미국의 딕 포스베리는 올림픽신기록을 6cm 높여 놓았다. 멀리뛰기에서는 미국의 밥 비몬이 한꺼번에 56cm를 경신하는 경이적인 세계신기록(8m90cm)을 수립하였다. 리 에반스는 400m에서 약 1초를 앞당기는 경이적인 세계신기록을 수립하여 20년간이나 그대로 유지되었다. 고지대의 저기압에 의한 환경상태는 비교적 지속시간이 짧고 순간적으로 폭발적인 힘의 발휘를 요구하는 종목에서는 공기저항이 감소되면서 경기력을 높이는 데 긍정적으로 작용한다는 것을 의미한다. 높이 올라갈수록 지구 중력이 낮아지고 공기밀도가 낮기 때문에 중력극복과 관련된 도약과 투척종목은 더욱 유리해진다.

그러나 고지대의 저기압 환경은 산소운반과 이용능력이 중요한 영향을 미치는 육상종목에서는 부정적인 영향을 미치기 때문에 선수들이 힘들어 한다. 고지대 환경이 인간능력에 부정적인 영향을 미친다는 최초의 보고서는 기원전 326년 알렉산더대왕의 군대가 인도 원정 시 고산지대를 지나면서 추운 기상을 비롯한 이상 징후에 대해 기록한 것이다. 저기압에 의한 영향이 보다 중요하게 제안된 것은 1644년 토리첼리가 수은기압계를 고안하고, 1648년 파스칼이 높은 고도에서 기압계의 압력감소를 증명하면서 부터이다. 고지대와 스포츠의 관련성에 집중적인 관심을 가지게 된 것은 역시 1968년 멕시코 올림픽대회이다.

인간의 생리적 기능에 영향을 미치는 고지대라는 용어를 적용하는 높이는 일반적으로 1,500m부터로 볼 수 있으며, 개인에 따라서 이보다 낮은 높이에서도 다소 영향을 받는 경우도 있다. 고지대가 인간의 생리적 기능에 영향을 미치는 중요한 요인은 기압의 감소이다. 즉, 기압감소에 의해서 대기의 산소분압이 낮아져 산소가 신체 내부로 이동하는 능력을 방해함으로써 산소부족을 느끼게 된다. 고지대에서 운동을 수행하는 경우 부족한 산소를 공급하기 위해서 더욱 많은 공기를 흡입하려고 뇌의 호흡중추가 활성화되어 호흡도 더욱 가빠진다. 습도도 낮아져 혈액에 함유된 수분이 쉽게 증발되면서 혈액량이 줄어들어 심장에서 한 번에 내보낼 수 있는 혈액 박출량도 감소한다. 부족한 심장 박출량을 보상하기 위해서 심박수는 증가한다. 근육은 필요한 에너지를 생성하는 과정에서 산소가 부족하여 피로물질인 젖산을 더욱 많이 축적하게 된다. 고지대에서 평지와 동일한 강도로 운동을 하는 경우 심장도 자주 뛰어 피곤하지만, 근육도 쉽게 피로해지면서 더욱 힘들게 되는 것이다. 산소운반능력을 저하시키는 고지대의 환경적인 제약은 마라톤을 비롯한 중·장거리 육상선수의 중요한 체력요인에 해당하는 심폐기능의 저하를 초래한다.

03
육상선수의 고지훈련

    고지훈련은 마라톤을 비롯한 장거리 종목 선수들의 가장 중요한 경기력 결정요인에 해당하는 심폐기능 향상을 위해서 널리 이용한다. 고지환경의 산소부족현상은 에리스로포이에틴(EPO)의 방출을 자극하여 적혈구수, 헤모글로빈농도 및 근육의 모세혈관 밀도 증가를 통해서 산소운반능력을 향상시킨다. 고지에서 실시되는 경기에 대비하거나, 고지의 환경적 제약을 극복하며 향상된 심폐기능을 바탕으로 다시 평지로 내려와서 마라톤과 장거리종목의 우수한 경기력을 발휘할 수 있게 한다. 고지훈련은 오래전부터 이용되어 왔으나 마라톤선수들에게 집중적인 관심의 대상이 된 것은 1990년대 초반 여자육상 장거리의 강자로 떠오른 중국의 마군단 소속 선수들이 널리 이용했던 것으로 알려지고 케냐, 멕시코, 스페인의 고지 출신선수들이 세계마라톤의 최강자로 떠오르면서이다. 올림픽 마라톤의 2연패를 달성한 아베베 비킬라도 고지의 에티오피아 출신이었다.

고지훈련은 환경적 제약을 이용한 과학적인 훈련방법으로서 세심한 주의가 요구된다. 고지대는 그만큼 인간에게 힘든 조건에 해당하기 때문이다. 3~4주 정도가 지나면서 훈련 효과를 기대할 수 있으나 지나치게 오랜 기간은 생리적 기능의 엄청난 부담으로 작용하여 여자선수의 월경주기가 혼란되는 사례가 흔히 발생하기도 한다. 고지훈련 후 평지로 되돌아 왔을 때 훈련 효과는 2~3주만 지속되기 때문에 중요한 경기를 앞두고 적절한 시기에 실시해야 한다. 고지훈련의 적정높이는 1,500~2,500m 범위로 높이가 낮으면 훈련 효과를 기대할 수 없으며 지나치게 높으면 실제적인 러닝훈련이 불가능해져 오히려 부정적이다. 평지훈련보다 힘들기 때문에 처음 1주 동안은 훈련강도를 65~70%로 낮추고 적절하게 적응된 후 본격적인 훈련을 실시하며, 수분과 영양섭취, 과학적인 분석을 병행해야 한다. 고지는 습도가 낮기 때문에 수분과 탄수화물을 더욱 많이 섭취해야 한다.

고지의 환경효과와 고강도의 스피드훈련을 병행하기 위해서 일반생활은 2,300~2,500m에서 지내면서 훈련은 1,300~1,500m에서 하는 방법(Living high, Training low)이 널리 시도되고 있다. 세계 각국에는 유명한 고지훈련장이 많이 설치되어 있다. 케냐의 엘도레트(Eldoret)에는 2,300m 고지에 국제육상경기연맹 공인 상급훈련센터(HPTC)가 있으며, 중국은 해발 1,900m 높이의 쿤밍(Kunming)을 비롯하여 8곳에 고지훈련장이 있다. 쿤밍고지훈련장은 잔디축구장 10면, 400m 육상트랙 2개, 실내체육관 2동은 물론 별도로 실내수영장 및 크로스컨트리를 포함한 육상전용훈련장 등을 보유하여 육상 및 수영계의 세계적 선수를 배출한 바 있다. 유럽에는 스위스와 프랑스의 알프스지방, 불가리아, 스페인 등의 산악지대에는 첨단과학시설을 갖춘 육상트랙, 실내수영장 등을 포함한 고지훈련장이 설치되어 있다. 국내에도 비록 높이는 미흡하지만(약 1,350m) 기후조건을 비롯한 특수한 영향으로 다소의 산소부족현상을 나타내는 태백시의 함백산에 고지훈련장을 겸한 선수촌분원을 설치하여 국내의 많은 육상선수들이 전지훈련장으로 이용하고 있다.

04
육상선수와 도핑

　육상선수들의 기록향상을 위한 도전은 끝이 없으며, 스포츠 과학의 적극적인 활용은 기록향상의 중요한 역할을 차지하고 있다. 과학의 남용 혹은 오용으로 생겨난 심각한 문제 중 하나인 약물복용 즉 도핑에까지 의존하게 되었다. 도핑의 정의는 '운동선수가 경기력 향상을 위하여 외부로부터 약물이나 혈액과 같은 이물질을 체내에 넣는 행위'를 의미하는 것으로서, IOC 헌장에는 'By-Law to Rule 48'이라는 제목의 의무관련 법규에서 금지와 처벌규정을 명시하고 있다. 도핑(doping)의 어원은 남아프리카 원주민들이 축제 때 분위기를 고조시키기 위해 사용한 알코올성 음료에서 유래하였다. 고대올림픽에서도 환각성분의 버섯, 가장 오래된 운동능력 향상의 약물로 간주되고 있는 중추신경 흥분작용의 스트리키니네(Strychnine)가 존재했던 것으로 남아 있다. 1886년 사이클선수가 코카인과 헤로인이 함유된 트리메틸을 섭취한 후 최초의 도핑에 의한 사망자로 기록되었다.

1887년 독일에서 개발된 암페타민(amphetamine)과 그 후 아나볼릭 스테로이드가 대표적인 약물로서 주로 독일 군인들이 근력, 지구력, 공격성 향상을 위한 약물로 이용하였다. 1960년 로마올림픽에서 덴마크 사이클 선수인 커트 젠센(Kurt Jensen)이 암페타민 과다복용으로 경기 중 넘어져 사망하는 사건이 발생하였다. 당시 사이클선수를 중심으로 만연하는 약물 이용을 규제할 필요성이 요구되었으며, 1964년 도쿄올림픽 때 약물검사가 시범 실시되었고, 1968년 멕시코 올림픽 때 전반적인 약물검사가 도입됐다. 그 후 약물검출기술이 발전하고 IOC에서 적극적으로 도핑컨트롤에 나서면서 규제를 강화하고 있다. 각종 흥분제, 각성제, 근육강화제, 호르몬제 등과 함께 혈액도핑까지 이용되고 있으며, 새로운 약물개발에 관심을 가지는 그릇된 시도들이 문제점으로 지적되고 있다.

육상선수 도핑의 가장 대표적인 사건은 역시 서울올림픽의 벤존슨이다. 1988년 9월 24일 캐나다의 벤 존슨은 미국의 칼 루이스와 펼친 100m 대결에서 9초79의 세계신기록으로 우승을 차지하였다. 그러나 벤 존슨 선수의 소변에서 스타나졸롤(stanazolol)이라는 아나볼릭 스테로이드(anabolic steroid)가 검출됨으로써 IOC 의무위원회는 청문회를 개최하여 약물복용의 판정과 함께 세계신기록 취소, 금메달 몰수 및 2년간 국제대회 출전정지의 벌을 내렸다. 남성호르몬 및 근육강화제로서 통증완화, 대사촉진, 근육량 증가의 작용을 한다. 당시 거의 이용되지 않았던 새로운 약물로서 약물대사가 매우 빠르게 진행되어 검출하기 힘든 화학물질이었다. 벤 존슨 측은 우리나라의 약물검사 능력을 과소평가하고 약물복용을 시도하였으나 정확하게 밝혀냄으로써 대한민국의 분석능력이 국제적으로 널리 인정받게 되었다. 도핑테스트의 소변검사를 위해서는 2개의 검사소변을 준비하여 한 개의 소변에서 약물이 검출될 경우 다른 한 개는 관련선수 입회하에 검사하여 확실한 결과를 제시하게 되는데, 벤 존슨 선수의 경우 두 번째 시료가 검사되기 전에 정보가 누설되어 보안유지의 허점이 제기되었다.

05

약물로 막을 내린 여자 단거리선수

육상선수의 약물복용은 선수생명의 위협과 경기력 향상을 동시에 가진 야누스 악령의 두 얼굴처럼 항상 유혹의 대상인 것 같다. 대회기간 중이 아닌 평소 훈련 중의 불시검사(out of competition test) 병행과 함께 혈액검사까지 적용하여 도핑컨트롤을 강화하고 있음에도 약물복용 선수는 계속해서 늘어나고 있다. 아마추어와 프로 선수 할 것 없이 늘어난 도핑을 규제하기 위하여 IOC와 국제경기연맹(International Federation)은 1999년부터 스위스 로잔에 본부를 둔 국제반도핑기구(WADA)를 따로 설치하여 약물검사를 강화하고 있다.

약물검사에서 문제를 일으킨 육상선수들 중에는 유난히 여자 단거리 스타들이 많다. 메리언 존스, 카트린 크라베, 켈리 화이트, 멀린 오티 등 세계를 호령한 여자 스프린터 대부분이 약물복용으로 쓰러졌다. 미국의 메리언 존스는 2000년 시드니 올림픽에서 단거리 3관왕에 올랐으나 스테로이드 복용으로 금메달

박탈은 물론 약물복용과 관련된 위증혐의로 교도소에 수감되기도 하였다. 91년 도쿄세계선수권대회 100m, 200m를 석권한 독일의 카트린 크라베는 훈련기간 중 불시검사에서 천식치료제이며 근육증강제인 클렌부테롤(clenbuterol)을 복용한 것으로 드러나 자격정지를 당했다.

2003년 파리세계선수권대회 여자 100m와 200m를 석권한 미국의 켈리 화이트는 수면발작증상인 기면증 치료제로 사용되던 모다피닐(modafinil)과 성분을 알 수 없는 스테로이드계 약물, 근육강화제이면서 혈구생성을 촉진하는 에리스로포이에틴(EPO) 등이 함유된 복합약물 복용혐의로 2년간의 출전정지와 이전 4년간 따낸 모든 메달을 박탈하는 제재를 내렸다. 88년 서울올림픽 여자 100m를 포함해 3관왕을 차지한 그리피스 조이너도 약물검사에서 직접적인 문제가 되지는 않았지만 갑작스런 심장발작에 의한 사망이 상습적인 약물복용에 의한 것으로 의심받았다. 그녀가 1988년에 수립한 100m 10초49와 200m 21초34의 세계신기록은 22년이 지난 현재 여전히 깨지지 않고 있다.

비록 올림픽 금메달을 차지하지 못한 비운의 여자 단거리선수였지만 20년간 세계 정상급선수로 유명했던 자메이카 출신이며 슬로베니아로 귀화한 철녀 멀린 오티도 난드롤론(nandrolone)을 복용한 것으로 알려져 있다. 난드롤론은 돼지 정소에서 주로 생성되는 천연 아나볼릭 스테로이드 성분을 가진 근육강화제로서 원래 젖소의 출산에 도움을 주던 약제였으나 약물대사가 빠르게 진행되기 때문에 흔적이 빠르게 없어진다.

여자는 남자에 비해 상대적으로 근육량이 적고 집중력이 떨어지기 때문에 약물 유혹에 더 쉽게 빠지는 경향이 있다. 특히 단거리 선수는 강한 파워가 요구되기 때문에 여자 단거리선수들은 근육량을 늘리고 파워를 강화하기 위해서 근육강화제와 흥분제를 오남용할 가능성이 높다. 여자 단거리, 높이뛰기, 멀리뛰기의 기록경신 부진현상도 과거선수들의 약물복용 의혹을 은근히 부추긴다.

06
도핑의 진화는 어디까지인가?

　스포츠에서 승리를 위한 투쟁의 역사에서는 약물의 유혹이 항상 존재해 왔으며 삐뚤어진 현대과학은 약물의 유혹을 더욱 부추기고 있다. 로마시대의 검투사들이 복용한 약초로 만든 흥분제는 장거리 주자들이 복용한 브랜디와 마약 성분의 스트리키닌을 섞어 만든 칵테일로 변화되었으며, 이제 머지않아 줄기세포를 이식하거나 새로운 유전자를 주입받게 될지도 모른다.

　1986년 유럽 여자 투포환 챔피언에 올랐던 동독의 하이디 크리거는 16세 때부터 코치가 제공한 피임약과 스테로이드를 복용하면서 서서히 남자로 변해갔다. 엄청난 신체적, 정신적 변화와 고통을 경험한 끝에 급기야 1997년 성전환 수술을 받아야 했다. 도핑의 고질적인 병폐에도 불구하고 스포츠계의 더욱 만연된 승리 최고의식과 과학 만능주의에 의해서 도핑의 끊임없는 악성진화는 계속되고 있다. 가장 널리 이용된 아나볼릭 스테로이드와 성장호르몬은 이미 케케묵은 이야기다. 첨단 과학은 유전자와 줄기세포 조작에서부터 인위적으로 뇌 상태를 흥분시키는 약물로까지 진화하고 있다. 도핑 수법도 갈수록 교묘해지고 있으며, 눈부신 생명공학기술의 발전에 힘입어 검사 자체가 불가능한 첨단 도핑기법들이 계속해서 출현하고 있다.

중장거리선수는 자신의 혈액을 조금씩 모아두었다가 헤모글로빈만 따로 추출하여 심폐지구력 향상이 요구될 때 주입하는 혈액도핑(blood doping)도 이용한다. 섭취한 금지약물을 중화시켜 검사를 피하기 위한 약물을 섭취하기도 한다. 전립선암 치료제인 바이칼루타마이드(bicalutamide)는 남성호르몬 감소를 통한 암세포 억제효과를 가진다는데 착안하여 투척선수들이 남성호르몬을 충분히 복용한 후 이 치료제를 이용하여 도핑검사를 피하는 경우도 있다. 신경자극의 전달기능과 심리적 상태가 경기력에 중요한 영향을 미칠 수 있다는 점에서 반응속도, 주의력 및 집중력을 향상시키는 신경화학물질의 개발도 추진되고 있다. 심리적 효과를 가진 호르몬은 원래 자연스럽게 분비되는 신경화학물질에 의해서 활성화되는데 그 영향이 인공 신경화학물질에 의한 것인지 정확한 구분이 어렵다.

유전자 치료기술이나 복제기법을 응용한 유전자 도핑(gene doping)은 운동능력 향상을 유도하는 유전자를 인체에 무해한 바이러스에 이식 주입하여 원래의 유전자와 교체하는 방식이다. 근육생성 혹은 성장을 활성화시키는 단백질 활성화 유전자인 마이오스테틴(myostatin)의 돌연변이를 유도하여 근육량을 증가시키는 방법도 이용된다. 새롭게 주입된 유전자는 신속하게 강

인한 신체조직을 만들어내며 세포 내에서 스스로를 복제하여
정상 유전자로 완벽하게 변신하기 때문에 원래 유전자와 새 유
전자의 식별이 불가능해진다.

줄기세포를 이용한 배양기법도 선수들의 새로운 신체기관을
재생하거나 특수기능을 가진 조직을 만들어내는 데 이용되고
있다. 근육과 뼈를 더욱 강하게 만들거나 새로운 장기조직을 만
드는 데 이용되는 줄기세포 도핑은 육상선수가 혹독한 훈련으
로 망가진 신체를 원상회복하거나 강화할 수 있다. 줄기세포는
본인의 세포를 이용하기 때문에 역시 검사가 어렵다.

Chapter 09

변화와 발전을 위한 이야기

01
깨지지 않는 한국 기록들

　세계육상선수권대회를 유치한 후 우리나라 육상이 진일보하고 있는 것은 분명하다. 선수들이 분발하여 훈련을 거듭하면서 오랫동안 깨지지 않던 기록들을 바꾸어 놓고 있다. 트랙에서 가장 짧은 거리의 100m와 가장 긴 거리의 10,000m 기록이 오랫동안 잠을 자다가 2010년에 와서 모두 한꺼번에 깨져버렸다. 1979년 멕시코U대회에서 서말구가 세운 10초34의 100m기록은 31년 만에 김국영이 2010년 6월 대구에서 10초23의 새 기록으로 바꾸어 놓았고, 1986년 잠실 아시안게임에서 김종윤이 수립한 28분30초54(당시 아시안게임 신기록)의 10,000m 기록도 25년 만에 전은회가 28분23초62로 갱신하였다. 그렇지만 여전히 깨지지 않는 한국신기록은 아직도 많이 남아 있다. 1985년 장재근이 자카르타아시아선수권에서 세운 20초41(당시 아시아 신기록)의 200m 기록은 어쩌면 100m보다 더 오래 잠을 잘지도 모른다. 손주일이 1994년 전국선수권대회에서 수립한 45초37의 400m 기록은 이제 박봉고(구미시청)에게 기대를 걸어본다. 박봉고는 트랙에서 가장 결승진출이 가능한 선수로 손꼽히고 있으며 최근 부상에서 서서히 벗어남으로써 2011 대구대회에서 크게 기대되고 있다. 1994년 이진일이 수립한 1분44초14(당시 아시아 신기록)의 800m 기록, 1993년 김순형이 마닐라에서 수립한 3분38초60의 1,500m 기록도 여전히 깨지지 않고 있다. 1990년 진수선이 수립한 3,000m 장애물의 8분42초86은 역대 2위 기록과 8초 이상의 차이를 보이고 있기 때문에 새로운 기록을 위해서는 꽤 기다려야 할 듯하다. 400m허들의 황홍철이 1990년에 수립한 49초80도 깨지지 않는 기록으로 남아 있다. 1,600m계주는 당시 400m와 800m의 최강자로 구성된 김재다, 손주일, 김호, 김용환이 1988년 아시아선수권에서 수립한 3분04초44가 여전히 최고기록이다. 높이뛰기에서는 이진택이 1997년 종별선수권에서 수립한 2m34가 여전히 최고기록인데 만약 이 기록을 갱신한다면 세계적인 선수로 볼 수 있을 것이다. 김복섭, 성낙군, 장재근, 심덕섭으로 구성된 남자 400m계주 국가대표팀이 88서울올림픽에서 수립한 39초43은 여전히 깨지지 않고 있었으나 2011년 5월 22일 남자대표팀이 39초04의 새로운 기록을 수립하였다.

여자 종목에서도 10년 이상 묵은 기록들이 잠자고 있다. 100m에서는 이영숙이 1994년 일본 후쿠오카에서 수립한 11초49, 1,500m에서는 이미경이 고등학생 시절 1992년 서울 세계주니어대회에서 수립한 4분14초13, 마라톤에서는 권은주가 1997년 춘천코스에서 수립한 2시간26분12초, 높이뛰기에서는 김희선이 1990년 서울에서 수립한 1m93, 7종경기에서는 한상원이 1992년 서울 세계주니어대회에서 수립한 5475점, 포환던지기에서는 이영선이 2000년 상하이에서 수립한 19m36cm 등이 최고 기록으로 남아 있다. 대구에서 개최되는 세계육상선수권대회를 계기로 모두 새로운 기록으로 바뀔 것이라고 기대해본다.

02
오랫동안 잠자고 있는 세계 최고기록들

　20세기 최고의 스프린터로 불리던 칼 루이스(미국)가 1991년 9초86으로 '마의 9초9' 벽을 넘어선 뒤 100m 기록단축 속도는 점점 느려져 1999년 모리스 그린(미국)이 9초8을 넘어서기까지 10년 가까이 걸렸다. 1990년대에는 100분의 1초를 단축하는 데 평균 3년 가까운 시간이 걸렸다. 국제육상연맹이 두 번째 부정출발 선수는 무조건 실격 처리하도록 스타트 규정을 엄격하게 적용하고 국제반도핑기구가 대대적으로 금지약물 단속에 나서면서 100m 기록 단축은 마라톤 기록 돌파보다 더욱 어려운 일로 간주되어 왔다. 그러나 새로운 10년이 지나는 동안 걸출스타 우사인 볼트가 등장하여 9초6의 벽까지 허물어졌다. 전문가들은 인간의 스타트 반응시간과 근력, 순발력의 한계를 고려하고 역대 100m 세계기록 보유자들의 장점만을 한데 모아 컴퓨터 시뮬레이션을 적용하여 100m의 기록한계를 9초50으로 추정하였으나 이제 우사인 볼트의 등장 이후 9초3대까지 낮추어 잡고 있다. 마라톤에서도 폴 터갓(케냐)이 2003년 9월 베를린 마라톤에서 2시간4분55초로 마의 2시간5분 벽도 가볍게 넘어섰다. 마라톤의 기록 단축에는 폭발적인 스퍼트에 필요한 하체 근력을 집중적으로 강화하는 전문화된 트레이닝과 첨단 소재를 동원해 최소한의 저항마저도 느끼지 않도록 고안된 러닝웨어와 러닝화도 한몫하고 있다. 육상의 세계최고기록들이 계속해서 깨지면서 마치 인간한계가 없는 듯 보였으나 좀처럼 깨지지 않는 기록들은 여전히 깊은 잠을 자고 있다.

남자종목에서 20년 가까이 깨지지 않고 있는 기록들로는 높이뛰기에서 소토마요르(쿠바)가 1993년 수립한 2.45m, 400m허들에서 케빈 영(미국)이 1992년 바르셀로나올림픽에서 수립한 46초78, 멀리뛰기에서 1991년 마이크 포웰(미국)의 8.95m, 투원반에서 1986년 위르겐 슐츠(독일)의 74.08m, 투해머에서는 유릴리 세디크흐(소련)가 같은 해에 수립한 86.74m 등이 있다.

여자 트랙에서는 더욱 많은 기록들이 20년 이상 깨지지 않고 그대로 잠을 자고 있다. 100m에서 1988년 플로렌스 그리피스 조이너(미국)가 세운 10초49, 또한 그녀가 같은 해 서울올림픽에서 세운 200m의 21초34도 여전히 난공불락으로서 이 기록을 위협할 여자 스프린터가 오랫동안 나오지 않고 있다. 그녀가 갑작스럽게 원인불명으로 사망하면서 확인되지 않은 약물섭취의 오해를 받고 있는 이유도 여기에 있다. 400m에서 1985년에 마리타 코흐(독일)가 수립한 47초60도 20년 이상 잠자고 있으며, 1983년 자밀라 크라토치비로바(체코)가 800m에서 수립한 1분53초28은 가장 오래된 육상의 골동품 기록에 해당한다. 여자종목에서 20년 이상 깨지지 않고 있는 기록들은 대부분 순간적인 파워에 의존하는 종목으로서 당시 선수들의 약물의혹을 은근히 부추기고 있다. 100m허들은 요르단카 돈코바(불가리아)가 1988년 수립한 12초21, 높이뛰기는 1987년 스테프카 코스타디노바(불가리아)가 수립한 2m9cm, 멀리뛰기는 1988년 갈리나 치스티야코바(소련)의 7.52m, 투포환은 1987년 나탈랴 리소브스카야(소련) 22.63m, 투원반은 1988년 가브리엘러 레인쉬(독일)가 수립한 76.80m, 400m계주에서 1985년 독일팀이 수립한 41초37 등이 여전히 깨지지 않고 있다. 다가오는 대구세계선수권대회에서 얼마나 많은 새로운 기록들이 수립될까?

역대 세계육상선수권대회 요약

    세계육상선수권대회는 1983년 핀란드 헬싱키에서 처음 열렸으며 3회 대회까지는 올림픽, 월드컵과 같이 4년마다 열리다가 4회 대회부터는 2년마다 열리고 있다. 2009년 베를린 대회에 이어 올해 대구대회가 제13회 대회이며, 제14회 대회는 모스크바에서 개최된다. 지금까지 열두 차례 개최된 가운데 아홉 번은 유럽지역에서 열렸으며, 유럽 이외의 지역으로는 캐나다, 일본에 이어 우리나라가 세 번째이다. 우리나라는 프랑스, 스페인, 이탈리아, 스웨덴, 일본, 독일에 이어 월드컵, 하계 올림픽, 세계육상선수권대회 등 국제 스포츠 3대 이벤트를 모두 개최하는 일곱 번째 국가가 됨으로써 세계적 스포츠 강국으로 확실하게 자리매김하는 계기를 마련하였다.

    첫 대회는 1983년 육상 장거리 강국이었던 핀란드의 헬싱키에서 개최되었다. 요즘은 케냐, 에티오피아 등 아프리카 세가 두

드러진 활약을 보이고 있지만, 1920년대부터 1930년대에는 콜레마이넨, 파보 누르미 등을 대표로 한 핀란드 장거리 선수들이 마라톤을 비롯한 장거리 종목에서 눈부신 활약을 펼쳤다. 헬싱키는 1952년 올림픽을 개최한 바 있으며, 제2차 세계대전이 발생한 1939년 핀란드는 소련의 침공을 받아 석 달 동안의 항전 끝에 소련에 항복함으로써 영토를 잃고 많은 액수의 배당금까지 소련에 물어야 했는데, 그런 어려움 속에서도 "평화의 제전 올림픽을 꼭 헬싱키에서 열어야 한다."고 온 국민이 올림픽 성공 개최에 힘을 모았다. 당시 온 세계는 패전의 쓰라림을 딛고 스포츠와 평화를 사랑하는 마음으로 올림픽을 개최한 핀란드 국민들의 노력에 큰 감동을 받았으며, 첫 세계육상선수권대회를 이곳에서 개최키로 한 것이다. 153개국에서 1,572명의 선수들이 참가하였는데, 남자 단거리에서 미국의 칼 루이스는 100m, 400m 릴레이, 멀리뛰기에서 3관왕을 차지한 뒤 그 여세를 몰아서 다음해 LA올림픽에서 이 세 종목에 200m 우승까지 차지해 4관왕의 육상영웅으로 탄생하였다. 장대높이뛰기의 전설적 영웅 부브카가 5.70m의 기록으로 우승하면서 화려하게 데뷔하였다.

제2회 대회는 1960년에 올림픽이 열렸던 로마에서 1987년에 열렸다. 로마가 유명관광지로서 유럽에서의 접근성이 좋아지면서 많은 관중이 경기장을 찾았으며, 그때부터 대중화된 컬러 TV의 영향을 받아 약 23억 5천만 명이 TV를 시청하였다. 로마대회의 최대 이슈는 100m에서 캐나다의 벤 존슨과 미국의 칼 루이스 간에 펼쳐진 대결로서 벤 존슨이 9초83이라는 경이적인 기록을 내며 우승을 차지하였다. 그러나 이듬해 열린 1988년 서울올림픽 100m 결승에서 9초79라는 믿기지 않는 기록을 세우며 우승한 벤 존슨이 도핑검사에서 양성반응을 보였고 1987년 로마대회에서도 약물을 복용한 사실이 드러나서 실격 처리되어 칼루이스가 우승자로 기록되었다.

1991년 제3회 대회가 아시아에서는 처음으로 도쿄에서 열렸는데, 육상의 불모지였던 아시아 대륙에서 열린 첫 대회로서 육상역사에서 중요한 의미를 가진다. 오랜 기간 유럽과 아프리카가 육상 강세를 보여 왔으나 아시아 지역의 육상종목에 대한 적극적 참여와 관심을 불러일으킬 계기가 될 수 있었다. 도쿄대회는 총 167개국의 1,517명의 선수들이 참가하였고, 약 58만 명의 관람객을 유치하였다. 약 33억 명의 TV 시청자 수를 기록하여 TV를 통한 스포츠이벤트 중계의 중요성과 관련 사업의 중요성을 각인시킨 대회였다. 칼 루이스가 100m에서 2연패 하였으나, 멀리뛰기의 마이크 포웰, 200m의 마이클 존슨이 새롭게 등장하였으며, 종합 1위 국가로서 소비에트 연방의 이름으로 출전한 마지막 대회이기도 했다.

제4회 대회는 2년 뒤인 1993년, 독일 슈투트가르트에서 열렸다. 이때부터 대회는 2년마다 열리게 되면서 올림픽을 중심으로 볼 때 올림픽, 세계육상, 월드컵, 세계육상 순으로 해마다 큰 스포츠 행사가 세계를 뜨겁게 달구게 되었다. 남자 100m에서 10여 년간 단거리 종목의 제왕이었던 칼 루이스가 4위로 그치면서 남자 100m 경기는 춘추전국시대를 맞이하게 된다. 여자 장거리에서 중국의 마군단이 등장하여 새로운 육상강국으로 떠오르게 되었다.

제5회 대회는 스웨덴의 예테보리에서 개최되었다. 참가국 수는 191개국으로 1,804명의 선수들이 참가하였고 약 59만 명의 관람객과 약 37억 명의 TV 시청자를 동원하였다. 이 대회부터 각 종목의 상위권 선수들의 국적이 다양해지면서 전통적인 강자였던 미국, 소련, 중국, 독일과 함께 캐나다, 이탈리아, 벨라루스 등도 두각을 보였다.

제6회 대회는 1997년 그리스 아테네에서 열리게 되었는데, 남자 100m에서는 미국의 모리스 그린이 9초86으로 우승을 차지하여 칼 루이스의 부진으로 위축되었던 미국의 단거리 종목의 명예를 회복하였다. 남자 400m의 마이클 존슨은 대회 3연패를 달성하였다.

1999년 제7회 대회인 스페인 세비야 대회에서는 모리스 그린이 100m 2연패, 200m와 400m 계주까지 우승하여 대회 3관왕의 위업을 달성하였다. 매리언 존스의 여자 100m 우승, 마이클 존슨의 400m 대회 4연패 등은 미국의 육상 강국자리를 완전하게 굳혔다. 여자 마라톤에서는 북한의 정성옥이 우승을 차지하였다. 세계육상선수권대회는 올림픽 전초전의 역할도 하고, 종목 채택을 저울질하는 실험 무대 구실도 한다. 세비야대회에서 처음 선을 보인 여자 해머던지기와 여자 장대높이뛰기는 다음해인 2000년 시드니올림픽에서 정식 종목으로 채택되었다.

21세기 들어 첫 대회인 제8회 대회는 2001년 캐나다 앨버타주의 에드먼턴에서 개최되었는데, 189개국에서 1,677명의 선수가 출전하여 미국의 모리스 그린이 100m에서 대회 3연패를 차지하였으며, 남자 10,000m에서 에티오피아의 하일레 게브르셀라시에가 대회 4연패를 달성하였다.

제9회 대회는 2003년 프랑스 파리의 위성도시인 생드니(Saint Senis)의 스타디움에서 개최되었는데, 남자 100m에서 팀 몽고메리와 모리스 그린의 치열한 접전 사이에서 총인구 4만 명이 겨우 넘는 카리브 해의 섬나라 세인트 키츠 네비스 출신의 킴 콜린스라는 무명선수가 우승하였다. 장대높이뛰기에서 "여자 부브카"로 명성을 높이던 미국의 스테이시 드래길라의 아성이 무너지고 새롭게 등장한 러시아의 스베틀라나 페오파노바와 미녀 스타로 주목받기 시작한 옐레나 이신바예바 등의 신예가 떠오르기 시작했다. 세계기록을 15차례나 갈아치우고 세계선수권 4연패, 올림픽 2연패로 "완벽한 장거리의 신화"를 만든 에티오피아의 하일레 게브르셀라시에도 남자 10,000m에서 9살이나 어린

팀 후배 케네시아 베켈레에게 자리를 내주며 10년간 이어온 신화를 마감하였다.

제10회 세계육상선수권대회는 1983년 세계육상선수권대회가 시작된 이래 22년 만에 다시 핀란드 헬싱키에서 개최되었다. 총 705명의 선수들에게 884회의 테스트를 하는 등 역대 최대 규모의 약물 테스트를 실시하였다. 남자 100m에서 미국의 저스틴 게이틀린, 여자 100m에서는 157cm 단신의 "땅콩 스프린터"로 불리던 미국의 로린 윌리엄스가 우승하였다. 여자 10,000m 결승에서는 에티오피아의 디바바 자매가 금메달(동생)과 동메달을 차지하였다.

제11회 대회는 2007년 오사카에서 1991년 도쿄대회에 이어 일본에서 두 번째로 개최되어 다음 해인 2008년 베이징올림픽의 전초전이라는 점에서 세계의 관심을 모았던 대회였다. 또한 육상경기 왕국 미국이 다른 나라들을 압도한 대회였다. 미국은 남녀 400m와 1,600m 릴레이 4종목의 금메달을 휩쓴 것을 비롯하여 모두 금메달을 14개나 차지하였다. 남자 단거리에서는 미국의 타이슨 게이가 100m를 9초85의 기록으로 제패하고 200m도 19초75의 빼어난 기록으로 우승했다. 남자 400m 릴레이에서도 금메달을 딴 타이슨 게이는 베이징올림픽 기대주로 높이 치솟아 올랐다. 남자 110m 허들에서는 중국의 류시앙이 우승하여 동양인이 단거리 종목에서 아테네올림픽에 이어 세계를 제패하는 쾌거를 올렸다. 여자 단거리에서는 미국의 펠릭스가 200m 세계선수권 2연패를 이루고 400m와 1600m 릴레이에서도 금메달을 따내 3관왕 자리에 올랐다. 금메달 레이스에서 미국이 14개로 단연 선두이고, 케냐가 5개로 2위, 러시아가 4개로 3위였다. 2008년 베이징 올림픽 개최국인 중국은 금메달이 1개로 쿠바와 함께 공동 11위였다. 2005년 대회에 이어 IAAF는 "약물과의 전쟁"을 더욱 더 강화하였다. 이 대회에서 실시한 약물검사는 무려 1,000회를 넘었으며 IAAF의 주관으로 세계반도핑기구(WADA: World Anti-Doping Agency)가 실시하였다. 남자 110m 허들은 류시앙이 절치부심으로 준비하여 다시 영예를 되찾았다. 러시아의 "미녀새" 옐레나 이신바예바도 자신의 세계신기록(5m01)을 넘지는 못했지만 대회 2연패로 자신을 증명하였다. 남자 마라톤 레이스는 더위로 인하여 갖가지 기록을 남겼다. 우선 우승자인 루크 키베트(케냐)의 2시간15분59초 기록은 1983년부터 개최된 세계육상선수권대회 사상 최악의 기록이었다. "혹서(酷暑)의 서바이벌 레이스"라고 이름을 붙인 마라톤에서는 85명의 참가자 중 3분의 1에 달하는 28명이 중도에 기권했다. 흥행지표의 하나인 관람객 수에서 무더위와 홍보부족으로 인기가 높은 경기를 제외하고는 경기장을 절반도 채우지 못하는 수모를 겪었다.

제12회 대회는 1993년 슈투트가르트 대회 이후 16년 만에 다시 세계육상선수권대회를 개최하게 된 독일의 베를린에서 2009년에 열렸다. 주경기장인 베를린올림픽스타디움은 1936년 제11

회 올림픽대회에서 우리나라의 손기정 선수가 금메달을 수상하고도 나라를 잃은 서러움에 고개를 떨구어야 했던 경기장이어서 우리나라에게는 감회가 남달랐다. 이 경기장은 몇 차례 개·보수를 거쳐 세계육상선수권대회로는 처음으로 푸른색의 트랙이 사용되어 색다른 느낌을 주게 되었다. 총 201개 국가와 1,984명의 선수가 참가하였으며, 특히 가장 뜨거운 관심을 받았던 우사인 볼트가 자신의 종전 세계신기록 9초69를 0.11초나 단축한 9초58이라는 경이로운 기록을 세운 것은 스포츠과학자들을 경악케 했다. 인간의 한계를 9초6 정도로 예측한 과학자들의 예측을 멋지게 깨버리며 인간의 한계를 넘어 스포츠의 가치를 증명해 보였다. 한편 3연패가 예상되던 이신바예바는 단 한 번도 바를 넘지 못하고 실패의 고배를 마셨다. 한편 여자 원반던지기의 프랑카 디치(독일)와 여자 20km 경보의 수산나 페이토(포르투갈)는 1991년 제3회 도쿄세계육상선수권대회부터 무려 10회나 연속으로 출전하는 진기록을 세우게 된다. 이 베를린 대회에서 가장 많은 논란을 불러온 것은 남아프리카 공화국의 캐스터 세메냐가 여자 800m에서 1분55초45라는 엄청난 성적으로 우승하여 성별 의심을 받았으나 이상이 없는 것으로 나타났다. 이 대회의 폐막식에서는 다음 대회인 2011 대구세계육상선수권대회를 위한 퍼포먼스가 연출되었고 대구시는 홍보를 위해 한국의 무용을 선보이고 브란덴부르크 문 앞에서 이벤트를 벌이는 등 대구세계육상선수권대회의 성공초석을 다졌다.

04
육상진흥센터는 꿈나무의 산실이다

　세계적인 선수를 육성하는 과정에서 빼놓을 수 없는 요인 중에는 훈련센터의 건설과 이를 이용한 일정기간 이상의 적극적인 훈련이 중요한 위치를 차지한다. 1976년 몬트리올올림픽에서 양정모가 태극기를 앞세운 첫 올림픽 금메달을 차지하는 데는 10년 전인 1966년에 건립된 태릉선수촌이 숨어 있었고, 2010년 밴쿠버동계올림픽 스피드스케이팅의 놀라운 쾌거는 역시 10년 전인 2000년에 건립된 태릉의 실내아이스링크가 중요한 배경으로 제시된 바 있다. '한국육상의 요람'은 물론 세계 굴지의 육상훈련장이 될 것으로 기대되는 '육상진흥센터'의 건립 추진이 지난 2010년 1월 29일 실내육상경기장 기공의 첫 삽을 뜨면서 시작되었다. 당초 세계육상선수권대회 이전에 실내육상경기장을 우선 완공할 예정이었으나 공사현장에서 문화재가 발굴되어 진행이 다소 지연되었다. 육상진흥센터는 세계육상선수권대회가 개최되는 대구스타디움 서편에 지상 4층, 연면적 2만 1,486

㎡ 규모로 건립되며, 200m 트랙 6레인 및 관람석 5,000석의 전천후 실내육상경기장과 육상아카데미 운영에 필요한 공간이 핵심시설이다. 실내육상경기장은 국제육상경기연맹(IAAF)의 공인 가변식 트랙을 시공해 스포츠와 문화, 예술의 다목적 행사도 진행할 수 있다. 건립부지는 대구시가 부담하지만 건설비용은 전액 국비로 지원될 계획이다. 운영은 국립센터로서 국고가 지원되도록 하되 불가피할 경우 재단법인을 설립하여 운영토록 하는 것도 방안으로 검토되고 있다.

실내국제육상경기대회 개최는 물론 육상선수들의 과학적, 체계적 훈련장소로 제공되어 육상선수들의 경기력 향상을 위한 국제육상경기연맹의 공인 훈련센터, 육상지도자와 국제대회 개최를 위한 심판과 경기운영요원을 중심으로 한 육상관련 전문인력의 양성센터, 추가적으로는 국내 스포츠과학 인프라 구축을 위한 스포츠과학지원센터의 역할을 수행하게 된다. 글로벌 육상훈련시스템의 핵심적 역할을 통한 세계적 육상훈련센터로 발전하여 실내육상경기장 및 육상아카데미를 축으로 한 미래지향적 세계육상의 메카로서의 입지를 강화하는 것이다. 추가적인 기능으로서 생활체육 활성화와 국민건강 향상을 위한 스포츠건강센터, 스포츠과학 및 산업화를 위한 클러스터 구축의 국가적 핵심센터로서의 역할을 수행토록 하는 것도 포함된다. 현재 국제육상경기연맹의 공인 훈련센터는 세 가지 유형으로 구분되는데, 육상경기 전문인 육성에 중점을 두고 있으면서 중국 베이징 등 9개국에 위치하여 지역별 육상발전을 주도하고 있는 지역육상발전센터(Regional Development Center: RDC), 육상선수들의 세부적인 종목별 집중적인 훈련장 역할을 담당하는 케냐의 엘도레트(중장거리), 자메이카의 킹스턴(단거리, 허들, 높이뛰기) 등 8개국에 위치하는 우수선수훈련센터(High Performance Training Center: HPTC), 육상선수들의 훈련 및 과학적인 분석의 동시적 역할을 담당하는 센터로서 독일의 베를린과 쾰른 등 14개국 18개소에 위치하는 훈련 및 과학분석센터(Athletic Training Center: ATC) 등이 있다. 대구에 건립될 육상진흥센터도 국제육상경기연맹의 공인센터로서 올림픽의 트랙과 필드를 누비게 될 미래 꿈나무의 산실임은 물론 세계적 훈련장으로 발전하게 될 것이다.

05
육상경기의 발전은 계속되어야 한다

2011 대구 세계육상선수권대회 유치를 계기로 우리나라 육상이 획기적인 발전을 위해서 내걸었던 주요 과제는 체계적인 글로벌 육상 인재 발굴 및 양성 도모를 위한 우수 선수 조기 발굴 및 우수 지도자 육성, 학교 체육 활성화를 통한 육상 저변 확대를 위한 학교 체육 에 대한 범국가적 지원, 육상을 중심으로 한 선수 육성 체계의 다양화 및 혁신 도모, 육상 발전 인프라 구축을 위하여 대한육상경기연맹을 중심으로 한 육상아카데미 설립 및 전천후 경기장 건립, 국제적 교류 활성화, 육상스타 홍보 및 활용 등을 포함하고 있었다. 대부분의 계획들이 단계적으로 추진되어 왔으나 전반적으로 여전히 미진한 것으로 지적되고 있다. 육상발전의 핵심은 역시 우수한 육상선수의 발굴이다. 우리는 마라톤을 제외한 육상 스타 빈곤에 허덕여 왔으나 86아시안게임에서 장재근, 임춘애, 김복주 등의 스타를 통해서 충분한 가능성을 엿볼 수 있었다. 그 이후 높이뛰기의 이진택, 400m 기수

박봉고, 멀리뛰기 정순옥, 100m 한국기록의 새로운 주인공 김국영 등을 통해서 그 가능성을 확인한 바 있다.

한국 육상의 경기력 향상을 저해하는 가장 심각한 요인으로는 유망선수의 빈곤과 저변의 부족, 이와 관련된 체계적, 적극적 투자의 미흡 등이 지적되어 왔다. 우수선수의 발굴은 기본적으로 저변확대의 활성화와 불가분의 관련성을 가진다. 그동안 '드림프로젝트', '뿌리자 50억' 등의 구호를 앞세우고 다양한 노력을 기울여왔으나 적극성과 체계성의 미흡이 역시 지적되고 있다.

당시의 사회문화적 특성과는 많은 차이를 가지고 있으나 88 올림픽 당시 학교 육상의 집중적인 투자를 통해서 일부 우수한 선수의 발굴에 성공했던 사례, 최근까지도 이어지는 중국 여자 중장거리 육상의 성공적인 사례 등은 집중투자와 관심을 통한 저변확대가 얼마나 중요한 것인가를 단적으로 잘 나타내준다. 현장감에 초점을 맞추어 구체적인 관점에서 살펴보면 육상 저변의 확대와 우수선수발굴을 위해서 가장 중요한 역할은 교육청과 일선학교의 혼연일체를 강조할 수밖에 없다. 최근 초등학교 육상부의 현저한 감소현상은 한국 육상을 더욱 힘들게 하고 있다. 88올림픽 유치 후 거의 대부분의 학교가 육상선수를 육성하면서 일 년에 몇 차례에 걸쳐 읍, 면 단위별로 대회를 치렀던 기억이 여전히 남아 있다. 선수발굴의 효과를 높이기 위해서는 가능성이 높은 종목을 위주로 한 집중적인 투자와 미래 지향적 관점의 다양하고 체계적인 투자와 계획의 병행이 요구된다. 연령대별 육상 선수의 확충방안을 마련하기 위해서는 초, 중, 고의 선수 육성시스템을 구축하는 것이 가장 기본적으로 선행되어야 한다. 달리는 육상선수로서 성공하고픈 의욕을 가질 수 있도록 하는 방안을 마련하여야 한다. 청소년 선수들의 육상경기에 대한 근본적인 의식변화, 체계적인 학교 교육, 육상선수로서의 명예와 다양한 동기부여 등에 대한 의식강화를 적용할 필요성이 있다. 학생선수들에게 육상경기의 긍정적 효과를 부각시키며, 잠재력을 가진 선수들의 미래발전 방안을 제시해주면서 보다 적극적인 동기유발을 유도함으로서 어린 육상선수들의 저변을 넓힐 수 있도록 해야 할 것이다. 저변확대를 위해서 일반학생과 선수학생들이 널리 함께 참가할 수 있는 다양한 육상대회를 개최하며, 발육발달 단계를 고려한 선수육성방법을 모색해 볼 수 있다.

세계육상선수권대회의 모든 준비는 대회 후의 변화를 예상할 수 있어야 하며, 대회 준비 및 개최과정에서 얻어진 효과를 어떻게 지속할 수 있을 것인가에 관심을 가져야 하고, 남겨진 시설들을 어떻게 효과적으로 활용할 것인가와 육상경기 발전을 비롯한 국내 스포츠 발전을 비롯한 다양한 분야로의 파급효과를 이어갈 수 있도록 대비해야 할 것이다.

대회 개최 후 시설은 세계적 육상훈련센터 및 육상아카데미로의 발전적 육성, 생활체육의 스포츠시설, 스포츠과학연구단지 조성, 스포츠건강산업 육성 등을 위해서 적극적으로 활용토록 하며, 아울러 국제육상대회의 지속적 개최를 시도하며 종합적 스포츠타운으로 육성해야 한다. 또한 개최 후 육상경기의 활성화를 위해서 국내 육상의 대중화 및 세계화를 통한 육상선수의 저변확대, 세계적 육상스타 발굴, 우수지도자 육성, 육상진흥재단 설립, 학교체육 및 생활체육으로서 육상관련 클럽스포츠의 활성화, 국제육상대회 유치 및 창설, 육상경기를 매개로 한 스포츠산업 분야의 개발 등이 지속적으로 추진되어야 한다.

맺는말

　육상경기는 어디서부터 온 것인가? 태고시절 인간의 존재에서부터 시작되었다. 끊임없는 과학의 발전에 의해서 인간의 능력은 다양하게 발전하고 진화하였다. 가장 원시적, 본능적 스포츠이면서 그 내면의 첨단 과학적 요인이 찐하게 점철된 스포츠이다. 육상경기를 바라보고 있으면 참 순수함이 느껴진다. 마치 모두들 벌거벗은 채로 오직 열정만으로 달리고 뜀뛰며 던지는 듯하다. 그렇다. 육상경기는 그야말로 자신의 능력 만에 의해서 승부가 결정되는 경기인 것으로 생각된다. 다른 스포츠 종목이 화려한 컬러를 자랑한다면 마치 흑백TV에 의한 순수함을 느낄 수 있는 것이 육상경기이다. 그래서 어쩌면 육상경기가 무미건조함을 가진 흥미 없는 경기로 느끼는 것 같다. 그러나 육상경기장에서 실제로 경기 장면을 보고 있노라면 가슴 속에서 뜨겁게 끓어오르는 것을 느낄 수 있다. 전혀 화려하지 않은 듯하지만 인간이 가진 본능을 내면의 열정과 함께 활화산처럼 분출시키는 것으로 느낄 수 있다. 즉, 가슴으로 보는 스포츠가 육상경기인 듯하다. 그래서 인간의 순수함과 스포츠의 열정을 함께 설탕을 가미하지 않고 순수한 맛을 느끼려면 육상경기를 사랑해야 한다고 생각한다. 육상경기를 보고 즐기는 사람이 많을수록 순수해지고 건강해질 수 있다고 생각된다.

고대 올림픽에서부터 스포츠에 참가하는 선수는 순수함을 잃게 되면 참가 자격을 상실하게 된다. 그래서 1년 전부터 훈련을 거듭하고 마지막 1달 이상은 외부로부터 격리된 공간에서 합숙훈련을 함으로써 신체적 능력도 향상시킬 뿐만 아니라 인간의 본능적 순수함을 가진 상태에서 경기에 출전하도록 한 것이다. 스포츠의 진정한 개념은 인간이 가진 자신의 순수한 능력을 공정하게 최선을 다하면서 경쟁하는 것이며, 이것이 진정한 아마추어리즘과 젠틀맨십으로서 건전한 시민의식의 표상이 될 수 있다고 생각한다.

지나친 표현일지도 모르겠지만 오염되지 않은 순수함을 가진 스포츠 중의 스포츠야말로 육상경기인 것이다. 가장 공정하고 엄격한 규칙에 의해서 인간이 가진 자신의 능력만을 뽐내고 겨루는 종목인 것이다. 우리가 흔히 스포츠와 관련된 인간능력의 한계를 거론하는 경우 가장 대표적으로 예로 제시되는 것은 모두 육상경기의 세부적인 종목이다. 올림픽 정신에서 내세우는 '보다 빨리, 보다 멀리, 보다 높이'의 의미도 바로 육상경기에서 모두 담고 있는 것이다. 우리 모두 인간 본연의 모습을 찾기 위해서 육상경기를 즐기고 관람하는 데 적극적인 노력을 기울일 필요성이 있다. 인간의 순수함과 현대 과학의 첨단 요인을 모두 함께 아우르는 종목이 육상경기이다. 육상경기는 과학의 발전과 함께 끊임없이 진화하고 변화해 왔다. 인간 사회와 문화의 변화와 함께 변화해 오면서 육상경기의 역사가 곧 인간의 역사인 것이다.

자라나는 꿈나무들에게 육상경기의 참모습을 이해시켜야 한다. 육상경기는 인간이 가진 순수함을 나타내주는 것으로 꿈나무들에게 순수함을 겨루는 묘미를 일깨워주어야 한다. 공정한 경쟁을 가장 소중하게 생각하는 마음을 심어주기 위해서 육상경기를 스스로 행하면서, 보면서 그리고 경쟁하면서 스스로 인간임을 느끼도록 해주어야 한다.

우리나라 대구에서 세계육상선수권대회가 개최된다는 것은 우리가 그만큼 육상경기를 사랑할 수 있는 중요한 계기가 될 수 있다. 아울러 육상 발전을 통해 전체적인 스포츠가 더욱 탄탄한 기초를 다지는 동시에 우리나라 스포츠가 다시 한 번 한 단계 도약하는 중요한 계기가 될 것이다. 진정 아는 만큼 느끼고, 보는 만큼 담을 수 있다고 하였다. 비록 작은 책이지만 육상경기의 참모습을 이해하고 육상경기를 진정으로 즐기는 데 조금이나마 도움이 되었으면 좋겠다.

부록

세계신기록(남자)

종목	기록	풍속	선수명	연령	국가	경기장소	일시
100M	9초58	0.9	Usain Bolt	21/08/1986	JAM	Berlin	16/08/2009
200M	19초19	−0.3	Usain Bolt	21/08/1986	JAM	Berlin	20/08/2009
400M	43초18		Michael Johnson	13/09/1967	USA	Sevilla	26/08/1999
800M	1분41초01		David Lekuta Rudisha	17/12/1988	KEN	Rieti	29/08/2010
1,000M	2분11초96		Noah Ngeny	02/11/1978	KEN	Rieti	05/09/1999
1,500M	3분26초00		Hicham El Guerrouj	14/09/1974	MAR	Roma	14/07/1998
1마일	3분43초13		Hicham El Guerrouj	14/09/1974	MAR	Roma	07/07/1999
2,000M	4분44초79		Hicham El Guerrouj	14/09/1974	MAR	Berlin	07/09/1999
3,000M	7분20초67		Daniel Komen	17/05/1976	KEN	Rieti	01/09/1996
5,000M	12분37초35		Kenenisa Bekele	13/06/1982	ETH	Hengelo	31/05/2004
10,000M	26분17초53		Kenenisa Bekele	13/06/1982	ETH	Bruxelles	26/08/2005
10KM	26분44초		Leonard Patrick Komon	10/01/1988	KEN	Utrecht	26/09/2010
15KM	41분13초		Leonard Patrick Komon	10/01/1988	KEN	Nijmegen	21/11/2010
20,000M	56분26초0	+	Haile Gebrselassie	18/04/1973	ETH	Ostrava	27/06/2007
20KM	55분21초	+	Zersenay adese	08/02/1982	ERI	Lisboa	21/03/2010

종목	기록	풍속	선수명	연령	국가	경기장소	일시
1시간	21분28초5		Haile Gebrselassie	18/04/1973	ETH	Ostrava	27/06/2007
하프마라톤	58분23초		Zersenay Tadese	08/02/1982	ERI	Lisboa	21/03/2010
25,000M	1시간13분 55초8		Toshihiko Seko	15/07/1956	JPN	Christchurch	22/03/1981
25KM	1시간11분 50초		Samuel Kiplimo Kosgei	20/01/1986	KEN	Berlin	09/05/2010
30,000M	1시간29분 18초8		Toshihiko Seko	15/07/1956	JPN	Christchurch	22/03/1981
30KM	1시간27분 49초	+	Haile Gebrselassie	18/04/1973	ETH	Berlin	20/09/2009
마라톤	2시간03분 59초		Haile Gebrselassie	18/04/1973	ETH	Berlin	28/09/2008
100KM	6시간13분 33초		Takahiro Sunada	19/01/1973	JPN	Tokoro	21/06/1998
3,000m 장애물	7분53초63		Saif Saaeed Shaheen	15/10/1982	QAT	Bruxelles	03/09/2004
110M 허들	12초87	0.9	Dayron Robles	19/11/1986	CUB	Ostrava	12/06/2008
400M 허들	46초78		Kevin Young	16/09/1966	USA	Barcelona	06/08/1992
높이뛰기	2m45cm		Javier Sotomayor	13/10/1967	CUB	Salamanca	27/07/1993
장대높이뛰기	6m14cm	A	Sergey Bubka	04/12/1963	UKR	Sestriere	31/07/1994
멀리뛰기	8m95cm	0.3	Mike Powell	10/11/1963	USA	Tokyo	30/08/1991
세단뛰기	18m29cm	1.3	Jonathan Edwards	10/05/1966	GBR	Göteborg	07/08/1995
포환던지기	23m12cm		Randy Barnes	16/06/1966	USA	Los Angeles (Westwood), CA	20/05/1990
원반던지기	74m08cm		Jürgen Schult	11/05/1960	GDR	Neubrandenburg	06/06/1986

종목	기록	풍속	선수명	연령	국가	경기장소	일시
해머던지기	86m74cm		Yuriy Sedykh	11/06/1955	URS	Stuttgart	30/08/1986
창던지기	98m48cm		Jan Zelezný	16/06/1966	CZE	Jena	25/05/1996
10종경기	9,026점		Roman Šebrle	26/11/1974	CZE	Götzis	27/05/2001
20,000M 경보	1시간17분 25초6		Bernardo Segura	11/02/1970	MEX	Bergen	07/05/1994
20KM 경보	1시간17분16		Vladimir Kanaykin	21/03/1985	RUS	Saransk	29/09/2007
30,000M 경보	2시간01분 44초1		Maurizio Damilano	06/04/1957	ITA	Cuneo	03/10/1992
50,000M 경보	3시간35분 27초2		Yohan Diniz	01/01/1978	FRA	Reims	12/03/2011
50KM 경보	3시간34분14		Denis Nizhegorodov	26/07/1980	RUS	Cheboksary	11/05/2008
4x100M 계주	37초10		Jamaica		JAM	Beijing(National Stadium)	22/08/2008
4x200M 계주	1분18초68		Santa Monica Track Club		USA	Walnut, CA	17/04/1994
4x400M 계주	2분54초29		United States		USA	Stuttgart	22/08/1993
4x800M 계주	7분02초43		Kenya		KEN	Bruxelles	25/08/2006
4x1500M 계주	14분36초23		Kenya		KEN	Bruxelles	04/09/2009
역전 계주	1시간57분 06초		Kenya		KEN	Chiba	23/11/2005

세계신기록(여자)

종목	기록	풍속	선수명	연령	국가	경기장소	일시
100M	10초49	0.0	Florence Griffith–Joyner	21/12/1959	USA	Indianapolis, IN	16/07/1988
200M	21초34	1.3	Florence Griffith–Joyner	21/12/1959	USA	Seoul	29/09/1988
400M	47초60		Marita Koch	18/02/1957	GDR	Canberra	06/10/1985
800M	1분53초28		Jarmila Kratochvílová	26/01/1951	TCH	München	26/07/1983
1,000M	2분28초98		Svetlana Masterkova	17/01/1968	RUS	Bruxelles	23/08/1996
1,500M	3분50초46		Yunxia Qu	25/12/1972	CHN	Beijing	11/09/1993
1마일	4분12초56		Svetlana Masterkova	17/01/1968	RUS	Zürich	14/08/1996
2,000M	5분25초36		Sonia O'Sullivan	28/11/1969	IRL	Edinburgh	08/07/1994
3,000M	8분06초11		Junxia Wang	09/01/1973	CHN	Beijing	13/09/1993
5,000M	14분11초15		Tirunesh Dibaba	01/06/1985	ETH	Oslo(Bislett)	06/06/2008
10,000M	29분31초78		Junxia Wang	09/01/1973	CHN	Beijing	08/09/1993
10KM	30분21초		Paula Radcliffe	17/12/1973	GBR	San Juan, PUR	23/02/2003
15KM	46분28초		Tirunesh Dibaba	01/06/1985	ETH	Nijmegen	15/11/2009
20,000M	1시간05분 26초6		Tegla Loroupe	09/05/1973	KEN	Borgholzhausen	03/09/2000
20KM	1시간02분 36초	+*	Mary Jepkosgei Keitany	18/01/1982	KEN	Ras Al Khaimah	18/02/2011
1 시간	18분51초7		Dire Tune	19/06/1985	ETH	Ostrava	12/06/2008

종목	기록	풍속	선수명	연령	국가	경기장소	일시
하프마라톤	1시간05분 50초	*	Mary Jepkosgei Keitany	18/01/1982	KEN	Ras Al Khaimah	18/02/2011
25,000M	1시간27분 05초9		Tegla Loroupe	09/05/1973	KEN	Mengerskirchen	21/09/2002
25KM	1시간19분 53초	*	Mary Jepkosgei Keitany	18/01/1982	KEN	Berlin	09/05/2010
30,000M	1시간45분 50초0		Tegla Loroupe	09/05/1973	KEN	Warstein	06/06/2003
30KM	1시간38분 49초	+	Mizuki Noguchi	03/07/1978	JPN	Berlin	25/09/2005
마라톤	2시간15분 25초		Paula Radcliffe	17/12/1973	GBR	London	13/04/2003
100KM	6시간33분 11초		Tomoe Abe	13/08/1971	JPN	Yubetsu	25/06/2000
3,000M 장애물	8분58초81		Gulnara Galkina	09/07/1978	RUS	Beijing (National Stadium)	17/08/2008
100M 허들	12초21	0.7	Yordanka Donkova	28/09/1961	BUL	Stara Zagora	20/08/1988
400M 허들	52초34		Yuliya Pechenkina	21/04/1978	RUS	Tula	08/08/2003
높이뛰기	2m09cm		Stefka Kostadinova	25/03/1965	BUL	Roma	30/08/1987
장대높이뛰기	5m06cm		Elena Isinbaeva	03/06/1982	RUS	Zürich	28/08/2009
멀리뛰기	7m52cm	1.4	Galina Chistyakova	26/07/1962	URS	Leningrad	11/06/1988
세단뛰기	15m50cm	0.9	Inessa Kravets	05/10/1966	UKR	Göteborg	10/08/1995
포환던지기	22m63cm		Natalya Lisovskaya	16/07/1962	URS	Moskva	07/06/1987
원반던지기	76m80cm		Gabriele Reinsch	23/09/1963	GDR	Neubrandenburg	09/07/1988
해머던지기	78m30cm		Anita Wlodarczyk	08/08/1985	POL	Bydgoszcz	06/06/2010
창던지기	72m28cm		Barbora Špotáková	30/06/1981	CZE	Stuttgart	13/09/2008

종목	기록	풍속	선수명	연령	국가	경기장소	일시
7종경기	7291점		Jackie Joyner-Kersee	03/03/1962	USA	Seoul	24/09/1988
10종경기	8358점		Austra Skujyte	12/08/1979	LTU	Columbia, MO	15/04/2005
10,000M 경보	41분56초23		Nadezhda Ryashkina	22/01/1967	URS	Seattle, WA	24/07/1990
20,000M 경보	1시간26분52초3		Olimpiada Ivanova	26/08/1970	RUS	Brisbane	06/09/2001
20KM 경보	1시간25분08	*	Vera Sokolova	08/06/1987	RUS	Sochi	26/02/2011
4x100M 계주	41초 37		German Democratic Republic		GDR	Canberra	06/10/1985
4x200M 계주	1분27초46		Unitèd States "Blue"		USA	Philadelphia, PA	29/04/2000
4x400M 계주	3분15초17		USSR		URS	Seoul	01/10/1988
4x800M 계주	7분50초17		USSR		URS	Moskva	05/08/1984
역전 계주	2시간11분41		PR of China		CHN	Beijing	28/02/1998

한국신기록(남자)

종목	기록	용기구	풍속	성명	소속	대회명	장소
100m	10초23		2.0	김국영	안양시청	제64회 전국육상경기선수권대회	대구
200m	20초41		1.0	장재근	해태	제6회 아시아육상경기선수권대회	자카르타
400m	45초37			손주일	경찰대학	제48회 전국육상경기선수권대회	서울
800m	1분44초14			이진일	경희대학교	제48회 전국육상경기선수권대회	서울
1,500m	3분38초60			김순형	경북대학교	제10회 아시아육상경기선수권대회	마닐라
5,000m	13분42초98			백승호	건국대학교	2010디스턴스챌린지대회(아바시리)	아바시리
10,000m	28분23초62			전은회	대구도시공사	제211회 일본체육대학장거리경기회	가와사키
하프마라톤	1시간01분04			이봉주	서울시청	1992도쿄하프마라톤대회	도쿄
마라톤	2시간07분20초			이봉주	무소속	2000도쿄국제마라톤대회	도쿄
3,000mSC	8분42초86			진수선	진로	제44회 전국육상경기선수권대회	서울
110mH	13초48	1.067M	1.1	박태경	광주광역시청	제16회 아시아경기대회	광저우
400mH	49초80	0.914M		황홍철	무소속	제44회 전국육상경기선수권대회	서울
높이뛰기	2m34cm			이진택	대동은행	제26회 전국종별육상경기선수권대회	서울
장대높이뛰기	5m63cm			김유석	서울시청	USATF SoCal Summer Grand Prix Circuit	Van Nuys
멀리뛰기	8m20cm		0.4	김덕현	광주광역시청	2009하계유니버시아드대회	베오그라드
세단뛰기	17m10cm		1.3	김덕현	광주광역시청	제63회 전국육상경기선수권대회	대구
포환던지기	18m86cm	7.260KG		황인성	국군체육부대	제91회 전국체육대회	진주
원반던지기	58m68cm	2.0KG		최종범	태백시청	제88회 전국체육대회	광주
해머던지기	71m79cm	7.260KG		이윤철	국군체육부대	제20회 전국실업단대항육상경기대회	태백
창던지기	83m99cm	800G		박재명	태백시청	2004뉴질랜드육상경기선수권대회	웰링턴
10종남자	7,824점			김건우	포항시청	제60회 전국육상경기선수권대회	공주

10,000mW	39분21초51			신일용	국군체육부대	제11회 전국실업육상경기선수권대회	안동
20kmW	1시간19분 31초			김현섭	삼성전자	2011 아시아경보선수권대회	노미
50kmW	3시간53분 24초			임정현	삼성전자	제16회 아시아경기대회	광저우
4x100m	39초04			여호수아 전덕형 김국영 임희남	한국대표팀	2011 아시아그랑프리대회	자싱 (중국)
4x400m	3분04초44			김재다 손주일 김호 김용환	한국대표팀	제12회 아시아육상경기선수권대회	후쿠오카

한국신기록(여자)

종목	기록	용기구	풍속	성명	소속	대회명	장소
100m	11초49		0.8	이영숙	안산시청	제48회 전국육상경기선수권대회	서울
100m	11초49		0.0	이영숙	안산시청	1994 토토 국제슈퍼육상대회	후쿠오카
200m	23초69		-0.1	김하나	안동시청	제90회 전국체육대회	대전
400m	53초67			이윤경	울산시청	제15회 전국실업단대항육상경기선수권	태백
800m	2분04초12			허연정	고양시청	2010 가와사키 슈퍼육상경기대회	가와사키
1,500m	4분14초18			이미경	유봉여자고 등학교	제4회 세계주니어육상경기선수권대회	서울
5,000m	15분38초60			염고은	김포제일고 등학교	제39회 전국종별육상경기선수권대회	창원
10,000m	32분43초35			이은정	삼성전자	2005 호크랜장거리챌린지대회	후카가와
하프마라톤	1분11분14			임경희	수원시청	제31회 이누야마하프마라톤대회	이누야마
마라톤	2분26초12			권은주	무소속	제51회 조선일보 전국마라톤선수권대회	춘천
3,000mSC	10분17초63			신사현	상지여자고 등학교	제91회 전국체육대회	진주
100mH	13초00	0.840M	0.8	이연경	안양시청	제64회 전국육상경기선수권대회	대구
400mH	57초90	0.762M		이윤경	울산시청	제15회 전국실업단대항육상경기선수권	태백
높이뛰기	1m93cm			김희선	코오롱	제44회 전국육상경기선수권대회	서울
장대높이뛰기	4m35cm			임은지	연제구청	제13회 전국실업육상경기선수권대회	안동
멀리뛰기	6m76cm		-0.2	정순옥	안동시청	제63회 전국육상경기선수권대회	대구
세단뛰기	13m92cm		1.6	김수연	안동시청	제60회 전국육상경기선수권대회	공주
포환던지기	19m36cm	4.0KG		이명선	익산시청	2000 중국육상대장대회	상하이
원반던지기	53m22cm	1.0KG		이연경	안동시청	제62회 전국육상경기선수권대회	대구
해머던지기	63m53cm	4.0KG		강나루	익산시청	제90회 전국체육대회	대전
창던지기	60m92cm	600G.		장정연	익산시청	제33회 전국종별육상경기대회	제천
7종경기	5,475점			한상원	대구대학교	제4회 세계주니어육상경기선수권대회	서울

10,000mW	44분47초94			전영은	부천시청	2009 고성통일전국실업육상경기대회	고성
20kmW	1시간29분 38초			김미정	울산시청	제89회 전국체육대회	여수
4x100m	45초33			정순옥 김태경 김하나 김초롱	경상북도팀	제90회 전국체육대회	대전
4x400m	3분42초27			김동현 이윤경 박종경 최해남	한국대표팀	제14회 아시아경기대회	부산

참고문헌

김성수(2000), 「마라톤을 알면 건강이 보인다」, 『런코리아』, 7월호, 64-65.

Brown AM, Kenwell ZR, Maraj BKV, Collins DF(2008) "Go" signal intensity influences the sprint start. Med Sci Sports Exercise, 40(6), 1142-1148.

Buttrick PM, Scheuer J(1990) Exrcise and heart: conditioning and the athlete's heart and sudden death. In Hurst, J. W., Schlant, R. C., Rackley, C. E., Sonnenblick, E. H., Wenger, N. K., Editor. International Edition.

Lippi G, Longo UG, Maffulli N(2009) Genetics and sports. British Mediacla Bulletin, February, 9. pp. 1-21.

Pain M, Hibb A(2007) Sprint starts and the minimum auditory reaction time. J Sports Sciences, 25(1) 79-86.

Van Damme R, Wilson RS, Vanhooydonck B, Aerts P(2002) Perfirmance constraints in decathletes. Nature, 415, 755-756.

Wilmore JH(1969) Benefits derived from an 11-week jogging program. Med. Sports, 4.

색인

김기진

대구 대건고등학교 졸업
경북대학교 사범대학 체육교육과 졸업
경북대학교 대학원 체육학과 졸업(체육학석사)
성균관대학교 대학원 박사과정 졸업(이학박사)

대한체육회 훈련원 스포츠과학연구소 연구원
한국체육과학연구원 책임연구원(운동생리학실장 등 역임)
현) 계명대학교 체육대학 체육학과 교수
　　대한스포츠의학회 부회장, 한국운동생리학회 부회장, 한국발육발달학회 부회장

—

2010 대한민국 체육상(연구상), 스포츠조선 연구상(1997),
한국체육학회 우수논문상(1996), 대한체육회 연구상(1997),
대한스포츠의학회 연구상(2006), 올림픽성화회 연구상(2008)

—

「무산소성 운동 시 운동능력, 대사변인의 변화 및 근섬유 조성비의 관련성」,
『스포츠 사이언스』(2010) 외 다수

한 권으로 읽는

재밌는 육상 이야기

초판인쇄 | 2011년 7월 29일
초판발행 | 2011년 7월 29일

지 은 이 | 김기진
펴 낸 이 | 채종준
펴 낸 곳 | 한국학술정보㈜
주　　소 | 경기도 파주시 교하읍 문발리 파주출판문화정보산업단지 513-5
전　　화 | 031) 908-3181(대표)
팩　　스 | 031) 908-3189
홈페이지 | http://ebook.kstudy.com
E-mail | 출판사업부　publish@kstudy.com
등　　록 | 제일산-115호(2000. 6. 19)

ISBN　　978-89-268-2415-3 03690 (Paper Book)
　　　　978-89-268-2416-0 08690 (e-Book)

이담 Books 는 한국학술정보(주)의 지식실용서 브랜드입니다.